本书由教育部人文社会科学研究青年基金项目"混改国企⋯
超额配置的微观机制及经济后果研究"（项目编号：22YJC⋯

非国有股东的**董事会权力对混改国企资产保值增值的**
作用机理

李明敏 | 著

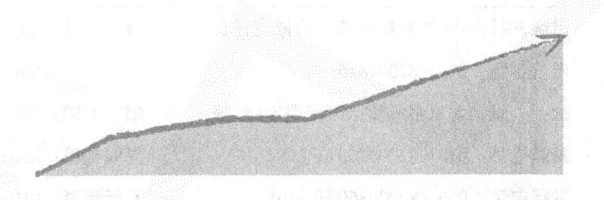

FEI GUOYOU GUDONG DE DONGSHIHUI QUANLI DUI
HUNGAI GUOQI ZICHAN BAOZHI ZENGZHI DE
ZUOYONG JILI

知识产权出版社
全国百佳图书出版单位
—北京—

图书在版编目（CIP）数据

非国有股东的董事会权力对混改国企资产保值增值的作用机理 / 李明敏著. —北京：知识产权出版社，2023.2
　ISBN 978-7-5130-8723-0

　Ⅰ. ①非… Ⅱ. ①李… Ⅲ. ①董事会-影响-国有企业-国有资产-资产评估-审计监督-研究-中国 Ⅳ. ①F123.7

中国国家版本馆CIP数据核字（2023）第060222号

内容提要

本书以非国有股东为主体，从董事会权力视角出发，主要探讨非国有股东的董事会权力对混改国企资产保值增值的影响作用，明晰非国有股东的董事会权力发挥治理效应的内在机理，以以期为混改国企通过为非国有股东配置董事会权力进而促进资产保值增值提供理论借鉴。

本书可供研究公司治理或国企混改的学者参考，可为实施混改的企业高管提供理论借鉴，也可供管理学、经济学专业的本科生、研究生参考。

责任编辑：李海波　　　　　　　责任印制：孙婷婷

非国有股东的董事会权力对混改国企资产保值增值的作用机理
李明敏　著

出版发行：知识产权出版社有限责任公司	网　　址：http://www.ipph.cn
电　　话：010-82004826	http://www.laichushu.com
社　　址：北京市海淀区气象路50号院	邮　　编：100081
责编电话：010-82000860转8582	责编邮箱：laichushu@cnipr.com
发行电话：010-82000860转8101	发行传真：010-82000893
印　　刷：北京中献拓方科技发展有限公司	经　　销：新华书店、各大网上书店及相关专业书店
开　　本：720mm×1000mm　1/16	印　　张：12.25
版　　次：2023年2月第1版	印　　次：2023年2月第1次印刷
字　　数：200千字	定　　价：68.00元

ISBN 978-7-5130-8723-0

出版权专有　侵权必究
如有印装质量问题，本社负责调换。

前　言

在国企深化改革背景下，混合所有制改革（以下简称"混改"）作为国企改革的重要突破口，旨在通过国有资本与非国有资本的深度融合，健全法人治理结构，加快形成灵活的市场化经营机制，以实现不同所有制资本取长补短、相互促进、共同发展，放大国有资本功能，促进国有资产保值增值。然而，国有资本基于政府权力的制度逻辑与非国有资本的财产权利逻辑之间存在冲突，尽管很多国企在资本结构上早已实现混合所有的形式，但政府干预力度并未减弱，行政垄断体制并未被打破，非国有资本参与国企治理仍面临"玻璃门""弹簧门"及"旋转门"等制度障碍，存在丧失话语权的担忧，导致非国有资本参与国企混改的积极性不高，难以发挥不同所有制资本的协同效应。可见，赋予非国有股东参与国企治理的实际控制权，对于缓解非国有资本对"混而不合"的担忧、提高非国有资本参与国企混改的积极性，进而促进混改国企资产保值增值至关重要。

笔者攻读硕士、博士学位期间，一直潜心于公司治理、国企混改等方面的研究，最初追踪了中国联通的新一轮混改进度，以此为基础撰写的教学案例选入中国工商管理国际案例库（案例编号：GC-18-004），并从中提炼出"混改企业中国有股东与非国有股东之间应当建立共生关系"的学术观点。本书正是基于此观点，并认为董事会作为重要的决策机构，在公司治理中发挥核心作用，股东可通过董事会对企业经营决策产生实际影响。因此，本书以非国有股东为主体，从董事会权力视角出发，主要探讨非国有股东的董事会权力对混改国企资产保值增值的影响作用，明晰非国有股东的董事会权力发挥治理效应的内在机理，以期为混改国企通过为非国有股东配置董事会权力进而促进资产保值增值提供理论借鉴。

本书共分为 7 章，第 1 章主要论述开展非国有股东的董事会权力对混改国企资产保值增值影响研究的现实背景、研究意义及本书的结构。第 2 章通过文献梳理总结现有研究结论，挖掘尚存的研究空间，为本书的研究内容、视角与思路奠定理论基础。第 3 章主要介绍非国有股东的董事会权力影响混改国企资产保值增值的理论分析框架。第 4~6 章分别实证检验了非国有股东的董事会权力影响混改国企资产保值增值的直接作用、路径分析和调节因素。第 7 章主要介绍本书的研究结论，以及对企业实践的现实启示、理论上的创新之处。

由于笔者水平有限，书中难免有缺点和疏漏，恳请读者批评指正。本书引用了国内外许多学者发表的论文、论著等研究成果，在此对他们表示衷心的感谢。

2022 年 10 月

目 录

第1章 绪 论 1
- 1.1 研究背景和研究意义 1
  - 1.1.1 研究背景 1
  - 1.1.2 研究意义 7
- 1.2 概念界定 9
  - 1.2.1 混合所有制企业 9
  - 1.2.2 非国有股东的董事会权力 11
  - 1.2.3 资产保值增值 12
- 1.3 研究思路和研究内容 13
- 1.4 研究方法和技术路线 16

第2章 非国有股东的董事会权力影响混改国企资产保值增值的文献综述 18
- 2.1 董事会权力的文献综述 18
  - 2.1.1 董事会权力配置 18
  - 2.1.2 董事会权力测度 20
  - 2.1.3 董事会权力结构对企业经济后果的影响研究 21
- 2.2 国企混改经济后果及其影响因素的文献综述 26
  - 2.2.1 国企混改的经济后果研究 26
  - 2.2.2 国企混改经济后果的影响因素研究 29
- 2.3 混改国企中非国有股东的董事会权力与经济后果关系的文献综述 32
  - 2.3.1 混改国企中非国有股权对经济后果的影响研究 32

  2.3.2 混改国企中非国有股东的董事会权力对经济后果的影响研究 ………………………………………………………… 35

 2.4 文献述评 ……………………………………………………… 37

第3章 非国有股东的董事会权力影响混改国企资产保值增值的理论分析框架 ……………………………………… 39

 3.1 非国有股东的董事会权力来源分析 ………………………… 39
  3.1.1 非国有股东与国有股东的资源优势互补性分析 ……… 40
  3.1.2 股东资源视角下非国有股东的董事会权力来源分析 … 46
  3.1.3 治理结构视角下非国有股东的董事会权力来源分析 … 49
 3.2 非国有股东的董事会权力内涵分析 ………………………… 50
 3.3 非国有股东的董事会权力与股权的非对等配置逻辑 ……… 51
 3.4 非国有股东的董事会权力发挥治理效应的博弈分析 ……… 53
  3.4.1 股东资源视角下非国有股东与国有股东收益分配比例的确定 …………………………………………………… 54
  3.4.2 非国有股东与国有股东的博弈模型构建 ……………… 56
  3.4.3 非国有股东与国有股东的博弈模型分析 ……………… 57
 3.5 非国有股东的董事会权力影响混改国企资产保值增值的内在机理 ………………………………………………………… 59
  3.5.1 股东资源视角下非国有股东的董事会权力对混改国企资产保值增值的作用路径 ………………………………… 60
  3.5.2 治理结构视角下非国有股东的董事会权力对混改国企资产保值增值的作用路径 ………………………………… 61
  3.5.3 非国有股东的董事会权力影响混改国企资产保值增值的调节因素分析 ……………………………………………… 64
 3.6 非国有股东的董事会权力影响混改国企资产保值增值的理论模型 ………………………………………………………… 65

第4章 非国有股东的董事会权力对混改国企资产保值增值的影响作用 ·········· 69

4.1 假设提出 ·········· 69
4.1.1 双视角下非国有股东的董事会权力对混改国企资产保值增值的影响 ·········· 70
4.1.2 双视角下非国有股东的董事会权力与非国有股权的作用强度对比 ·········· 73
4.1.3 双视角下非国有股东的董事会权力与股权非对等配置对混改国企资产保值增值的影响 ·········· 75

4.2 实证研究设计 ·········· 77
4.2.1 样本选取与数据来源 ·········· 77
4.2.2 变量定义 ·········· 79
4.2.3 实证模型构建 ·········· 82

4.3 实证检验及结果分析 ·········· 84
4.3.1 描述性统计与相关性分析 ·········· 84
4.3.2 非国有股东的董事会权力对混改国企资产保值增值影响的实证检验 ·········· 86
4.3.3 非国有股东的董事会权力与股权作用强度对比的实证检验 ·········· 88
4.3.4 非国有股东超额委派董事对混改国企资产保值增值影响的实证检验 ·········· 90
4.3.5 实证结果分析 ·········· 92

4.4 内生性检验 ·········· 94
4.4.1 样本自选择问题 ·········· 94
4.4.2 遗漏变量问题 ·········· 96
4.4.3 反向因果问题 ·········· 97

4.5 稳健性检验 ·········· 100
4.5.1 更换变量衡量方法 ·········· 100
4.5.2 更换样本 ·········· 102

  4.5.3 控制企业固定效应 ·· 104
4.6 本章小结 ·· 105

第 5 章 非国有股东的董事会权力影响混改国企资产保值增值的路径分析 ·················· 107

5.1 假设提出 ·· 107
  5.1.1 股东资源视角下资产运营效率的作用路径 ················ 107
  5.1.2 治理结构视角下经理管理防御的作用路径 ················ 113
5.2 实证研究设计 ··· 118
  5.2.1 样本选取与数据来源 ··· 118
  5.2.2 变量定义 ··· 119
  5.2.3 实证模型构建 ··· 120
5.3 实证检验及结果分析 ·· 122
  5.3.1 描述性统计与相关性分析 ··· 122
  5.3.2 作用路径一：资产运营效率 ······································· 124
  5.3.3 作用路径二：经理管理防御 ······································· 127
5.4 稳健性检验 ··· 129
  5.4.1 更换变量衡量方法 ··· 129
  5.4.2 更换样本 ··· 132
  5.4.3 更换中介效应的检验方法 ··· 135
5.5 本章小结 ·· 142

第 6 章 非国有股东的董事会权力与混改国企资产保值增值：国有股东控制度的调节作用 ·················· 143

6.1 假设提出 ·· 143
  6.1.1 股东资源视角下的调节作用分析 ······························· 143
  6.1.2 治理结构视角下的调节作用分析 ······························· 145
6.2 实证研究设计 ··· 148
  6.2.1 样本选取与数据来源 ··· 148
  6.2.2 变量定义 ··· 149

  6.2.3 实证模型构建 ·· 149
 6.3 实证检验及结果分析 ·· 150
  6.3.1 描述性统计与相关性分析 ····································· 150
  6.3.2 国有股东控制度发挥调节作用的实证检验 ················· 152
  6.3.3 国有股东控制度发挥调节作用的实证结果分析 ··········· 155
 6.4 稳健性检验 ··· 156
  6.4.1 更换变量衡量方法 ·· 156
  6.4.2 更换样本 ··· 158
 6.5 本章小结 ·· 160

第7章 结论与讨论 ·· 161
 7.1 主要结论 ·· 161
 7.2 管理启示 ·· 164
 7.3 创新之处 ·· 165
 7.4 研究不足与展望 ·· 167

参考文献 ·· 169

后　记 ·· 186

第1章 绪 论

首先，通过介绍本书的研究背景，指出探讨混改国企资产保值增值及非国有股东的董事会权力配置问题的重要性与迫切性，阐明这一研究的理论价值和现实意义。其次，为使研究内容更加清晰明确，本章对书中使用的基本概念进行了界定。最后，梳理本书的研究思路和内容，概述书中采用的研究方法，并通过技术路线图予以清晰呈现。

1.1 研究背景和研究意义

1.1.1 研究背景

（1）在全面深化国企改革背景下，国企混改试点陆续分批进行，急需针对如何实现国企混改目标等问题展开理论研究。

2013年，党的十八届三中全会重新将混改确立为国企改革的重要方向，明确提出"混合所有制经济，是基本经济制度的重要实现形式"，要求"积极发展混合所有制经济"。2014年，国务院成立国企改革领导小组，并宣布6家央企入选首批国资"四项改革"试点，各省相继出台国企改革指导意见。2015年，《中共中央、国务院关于深化国有企业改革的指导意见》、"1+N"顶层设计体系及配套文件陆续出台。2016年，国企改革"十项试点"深入推进，9家央企入选第一批混改试点；在同年的中央经济工作会议中，混改被定位为国企改革的重要突破口，要求在电力、石油、天然气、铁路、民航、电信、军工等领域迈出实质性步伐。在党的十九大报告中，发展混合所有制经济被列为国企改革的四大目标之首；同年4月确定第二批混改试点企业10家，11月确定第三批混改试点企业31家。第四批混改试点企业名单已于2019年5月确定，共160家，包括中央企业系统107家，地方企业53家。此外，2018年8月17日，国企改革"双百行动"正式启动，围绕着"双百企业"，分层分类积极稳妥推进混改，重点支持鼓励主业处于充分竞争行业和领域的商业类"双百企业"通过改制上市等方式发展混合所有制经济。不难看出，国家针对国企混改的支持性政策文件不断颁布，国企混改实践也在如火如荼地推进。在全面深化改革背景下催生的混改国企将呈现不同以往的新特征，为学术界提供新的研究方向与素材，以混改国企为对象的理论研究方兴未艾。

数据显示，大多数国企已在资本层面实现混合所有。从产权层面看，截至2017年年底，国资委监管的中央企业及各级子企业中，混合所有制户数占比达到69%，省级国有企业混合所有制户数占比达到56%（周雷，2018）。从前三批混改试点的实施效果来看，已完成改革主体任务的企业经营业绩得以显著改善，资产负债率平均下降5.2%，营业收入和利润额均同比增长10%以上，形成了中国联通、东航物流、中金珠宝等一批具有标杆示范意义的优质混改企业。[1]然而，不同企业面临的内外部环境存在差异，标杆企业的混改模式并不具有完全的可复制性；同时，随着国企混改实践的不断推进，混改国企仍将面临越来越多的新问题和挑战。如何促进国企混改目标的实现，急需进行深入的理论研究与探索。

（2）能否实现资产保值增值，关乎新一轮国企改革的目标能否实现，而非国有股东参与治理成为新背景下混改国企治理结构的显著特征，急需结合这一特征从理论上探讨内部治理结构对混改国企资产保值增值的影响关系及其作用机制，以期为国企混改实践提供理论指导。

我国的国资委于2003年成立，自此，国企改革的重心转向国有资产管理体制改革，核心任务是国有资产保值增值。一直以来，国有资产保值增值都是国企改革的首要目标。根据黄群慧和余菁（2013）对国企改革的阶段划分，在2013年党的十八届三中全会之前，国企改革经历了"放权让利""制度创新"

---

[1] 参见：http://www.chinanews.com/gn/2019/05-17/8839368.shtml。

和"国资发展"阶段，每个阶段都在国企发展的不同方面取得了巨大成效。然而，在国企取得长足发展的同时也暴露出诸多问题，如政资不分、政企不分及行政过度干预等，阻碍了国有资产保值增值目标的实现（中国社会科学院工业经济研究所课题组 等，2014）。据 Wind 数据库统计，2015 年，国有工业企业的资产规模增长 6.81%，但工业销售产值却下降 5.81%，总利润下降 22.18%；相比之下，私营企业的资产规模增长 7.46%，工业销售产值增长 4.41%，总利润增长 2.97%。显而易见，国企的资产增值和资源占有不对等，反映出国企资产保值增值能力不足。

在 2013 年党的十八届三中全会全面深化改革精神指引下，2015 年，《中共中央、国务院关于深化国有企业改革的指导意见》颁布，再次将国有资产保值增值作为商业一类国企混改的重点考核指标之一。2016 年 11 月，我国国务院常务会议强调，促进国有资产保值增值是国企的首要职责。可见，混改国企能否实现资产保值增值，对于新一轮国企改革目标的实现具有重要影响作用。针对如何提升国企资产保值增值问题，企业实践与理论研究都在共同探索。在陆续分批进行的国企混改试点中，根据已经公布的混改方案，如中国联通引入腾讯、百度、京东、阿里巴巴等民营战略投资者并赋予董事席位，不难看出，非国有资本参与国企治理的力度与深度均大于以往国企混改，而且从中国联通混改后的业绩表现能看出，非国有资本参与发挥了显著的积极作用。在理论研究中，针对国企资产保值增值影响因素及其作用机制的研究很少。有学者的研究指出，在国有资产管理过程中，加强精细化管理，赋予全民股东知情权，实现国企的社会协同共治，有助于促进国有资产保值增值。郭檬楠和吴秋生（2018）研究发现，国家审计全覆盖能够促进国企资产保值增值，国资委以"管资本"为主的国有企业监管职能转变更有利于促进国企资产保值增值，并且在国企审计中，不仅要查出问题，更要提高处罚金额，才能显著提升国企资产保值增值（吴秋生 等，2018）。在新一轮国企混改背景下，非国有资本深度参与国企治理，能否以及如何促进国企资产保值增值，现有研究尚未涉及。而非国有资本参与治理是新一轮混改国企治理结构的显著特征，因此，从混改国企内部治理结构入手探讨资产保值增值的影响因素及其作用机制是非常有必要的。

(3) 非国有股东参与治理是混改国企的显著特征,对非国有股东权力的配置问题一直困扰着国企混改实践,急需从理论层面予以探讨。

我国企业实施混改由来已久,不少国企通过引入民营资本突破发展困境。如中国建材通过收购民营企业海螺水泥、与民营资本联合成立南方水泥、北方水泥及西南水泥。中国建材混改后为民营企业老板保留部分股权,形成利益共同体,并将民企老板聘为职业经理人,使民营企业家以股东身份继续在自己热爱的事业中发挥作用,既能够满足民营企业家实现自我价值的需求,也可以实现所有者的真正到位,增加混改国企内部的天然监督,从根本上保证现代企业制度的落实。此后,已然资不抵债的中国建材一跃升为世界水泥大王,成为我国国企混改的经典案例(晓甘,2014)。然而,引入民营资本的国有企业未必一定能实现异质资源的协同效应,也有不少国有企业引入民营资本后却反遭"控制权之争"。如鄂武商与浙江银泰,国有上市企业鄂武商引入民营战略投资者浙江银泰,但浙江银泰一直未能进入鄂武商的最高决策层,为控制权争夺留下隐患(郝云宏 等,2015)。对比中国建材与鄂武商实现混合所有制的方式可以看出,浙江银泰入股鄂武商形成仅以财务投资为目的的"股权混合"模式;中国建材引入民营企业的技术与市场优势并保留其管理团队,民营企业兼具财务投资者和战略投资者身份,实现了"股权混合+经营混合"的双重混合。相比之下,"股权混合"模式仅实现了资本结构的"混合所有"形式,而在"股权混合+经营混合"模式下,不仅形成了多元化的股权结构,同时也实现了异质股东在董事会、高管层等经营决策权的相互制衡,更有助于不同产权主体发挥治理作用。这与刘运国等(2016)、郝阳和龚六堂(2017)及魏明海等(2017)的观点相吻合,非国有股东参与国企混改不能仅停留于股权结构的混合,更应实现高层决策主体的混合,形成多层次制衡的治理机制,以改善公司治理效率。因此,在混改国企中,对非国有股东的权力配置不可仅限于股权,对非国有股东决策权的配置是非常必要的。

此外,针对参与国企混改的非国有资本,在国企的政府干预及行政垄断体制下,非国有资本极有可能面临"三重门"——"玻璃门""弹簧门"及"旋转门"的隐形制度阻碍,导致在混改国企的经营与治理决策中丧失话语权,难以真正发挥非国有资本对国企的资源优势效应,阻碍非国有资本参与国企混改的积极性。因此,在混改国企中,应当合理配置非国有股东权力,赋予非国有股东参与国企治理的动力与能力,以提高非国有资本参与国企混改的积极性,促进不同所有制资本的协同互补效应,进而实现国企混改目标。可见,混改国企中非国有股东权力应当如何配置,成为亟待通过理论研究予以解决的重要问题。

(4) 传统的委托代理理论不足以解释混改国企中出现股东的董事会权力与股权非对等配置现象,急需寻找新的理论视角认知股东的董事会权力来源。

在传统的委托代理理论视角下,董事会结构取决于股东大会投票表决,股东在董事会的决策权来源于所持股权代表的投票权。然而在实践中频繁出现股东的董事会权力与股权不对等的情况。如中国联通混改后,董事会中非独立董事席位总数为8个,非国有战略投资者腾讯、百度、京东、阿里巴巴所占股权分别为5.18%、3.30%、2.36%、2.04%,按照累积投票制的计算原理,这四家战略投资者均无法获得董事席位,即使四家战略投资者的股权加总到一起,在理论上也只能获得1个董事席位,但在中国联通的混改方案中,四家战略投资者各获得1个董事席位,体现出非国有股东的董事会权力与股权的非对等性特征。❶ 同时,国有股东的董事会权力却并未超额。联通集团持股36.67%,拥有3个非独立董事席位;国有性质的联通集团与中国人寿持股总和为46.89%,共拥有4个非独立董事席位,未体现出董事会权力与股权的非对等性。❷ 那么,非国有股东为何能够获得超出股权比例之外的董事会席位?对此,委托代理理论的解释力略显不足。

反观新一轮国企混改的宗旨,在于实现不同所有制资本的资源融合。国有

---

❶ 《中华人民共和国公司法》第一百零五条规定:股东大会选举董事、监事,可以依照公司章程的规定或者股东大会的决议,实行累积投票制。计算方法是:可得席位数=取整[股份比例×总股份数×(席位总数+1)/(总股份数+1/席位总数+1)]。当总股份数很大时,可简化为:可得席位数=取整[股份比例×(席位总数+1)]。因此,理论上,腾讯可得席位数=取整[5.18%×(8+1)]=0;百度可得席位数=取整[3.30%×(8+1)]=0;京东可得席位数=取整[2.36%×(8+1)]=0;阿里巴巴可得席位数=取整[2.04%×(8+1)]=0。四家战略投资者的股权加总后,可得席位数=取整[(5.18%+3.30%+2.36%+2.04%)×(8+1)]=1。

❷ 联通集团可得席位数=取整[36.70%×(8+1)]=3;国有股东(联通集团和中国人寿)可得席位数=取整[(36.70%+10.22%)×(8+1)]=4。

资本天生享受政策倾斜，拥有资源垄断优势，很多国有企业历经多次改制，积攒了扎实的品牌基础，建立了稳定的销售渠道，客户群体的覆盖范围广泛，融资渠道多、难度小、成本低，拥有雄厚的资金实力，这些均是普通民营企业的发展瓶颈。但国有企业的所有权性质决定了国有企业在追求经济目标的同时还需要承担部分政治目标和社会目标，导致国有企业在公司治理层面的管理体制僵化、所有者缺位和内部人控制等问题，以及在经营层面的资产利用效率低、创新能力差和对市场的感知能力、反应速度低等问题。此外，国有企业虽然拥有数量庞大的"人力资源"，但由于员工激励机制不健全，无法得到较高的"人力资本"回报。相反，民营企业大多在资源获取上处于劣势地位，通常遭到银行的惜贷政策，普遍面临"融资难""融资贵"的问题；由于行政限制的影响，民营企业进入某些行业的壁垒较高甚至无法涉足。但民营资本的产权归属清晰，所有者到位，能够发挥有效的监督作用；另外，灵活高效的决策机制及灵敏的市场感知力造就了民营企业较高的经营效率，加之较高的创新意识及有效的员工激励机制，更是对民营企业产出效率的正向促进（李明敏 等，2019）。不难看出，国有股东与非国有股东在资源禀赋、管理体制及制度体系等方面均存在较大的差异，但在功能上体现为互补关系。我国新一轮国企改革背景下企业混改的出发点，正是国有资本与非国有资本的优势互补。鉴于混合所有制企业中国有股东与非国有股东资源禀赋的差异性与优势互补性，从股东资源视角探究非国有股东的董事会权力配置对国企资产保值增值的影响，是对仅以委托代理理论解释股东的董事会权力来源的有益补充。

综上所述，在深化国企改革背景下，国企混改已成为促进国有资产保值增值的重要途径。然而，非国有资本由于诸多困扰与担忧，参与国企混改的积极性并不高。究其原因主要在于，混改国企中非国有股东的董事会权力配置问题尚未得到系统解决，对于非国有股东的董事会权力应当怎样配置及配置的依据是什么等困惑，尚需理论研究与企业实践共同探索。同时，缺乏文献探讨哪些因素会影响混改国企资产保值增值及如何发挥影响作用，但这对于国企混改能否实现促进国有资产保值增值目标至关重要。因此，明晰混改国企中非国有股东董事会权力的来源及其配置对国企资产保值增值的影响关系与作用机制，以提高非国有资本参与国企混改的积极性，促进非国有资源优势效用的有效发挥，成为当下国企混改中亟待解决的问题，也是本书研究的关键。

1.1.2 研究意义

在国企深化改革背景下，引入非国有资本参股已成为国企实现混合所有制的主要方式之一。在混改国企中，应当如何配置非国有股东在董事会中的权力？配置依据是什么？非国有股东的董事会权力是否以及如何影响国企资产保值增值？上述问题的解决有助于深化混改国企中董事会结构的理论研究，对国企混改实践中提高非国有资本参与国企混改的积极性、合理配置股东权力进而促进国企混改目标实现具有一定的现实意义。

本书研究的理论意义主要体现在以下三方面。

（1）扩展了混改国企中非国有股东的董事会权力来源认知的理论视角。非国有股东的权力配置问题一直困扰着国企混改实践，急需理论研究的深入探索。现有研究主要基于委托代理理论解释股东在董事会的权力来源，但难以解释股东的董事会权力与股权非对等配置。本书结合资源依赖理论与委托代理理论分析指出，国企混改的物质基础在于国有资源与非国有资源的优势互补性，混改国企中非国有股东在董事会的权力来源于股权及除股权之外的自有资源优势，从股东资源视角解释了非国有股东的董事会权力来源。进一步地，本书基于股东资源与治理结构双视角分析非国有股东董事会权力对混改国企资产保值增值的影响作用，为混改国企通过合理配置非国有股东在董事会的权力进而促进资产保值增值提供了理论指导。本书研究突破了以往研究基于委托代理关系认为董事会结构仅取决于股权结构的局限，有助于从股东资源视角拓展股东权力来源的理论分析。

（2）揭示了非国有股东的董事会权力对国企资产保值增值的影响关系及作用机制。针对非国有股东参股后混改国企的董事会结构对国企资产保值增值的影响作用机理，目前研究尚未涉及，但董事会是企业治理结构的核心，资产保值增值是国企混改的首要目标，对于这两者关系的研究有助于为促进国企混改目标的实现提供理论指导。本书从非国有股东董事会权力角度探讨混改国企董事会结构对国企资产保值增值的影响关系,并对比了董事会制衡与股权制衡不同的影响效应,据此分析了股东的董事会权力与股权非对等配置逻辑下的"超额委派董事"现象。进一步地,本书从经理管理防御和资产运营效率两方面探讨了非国有股东董事会权力对混改国企资产保值增值的影响路径,以及国有股东控制度对非国有股东的董事会权力与混改国企资产保值增值关系的调节效应。研究结论回答了非国有股东的董事会权力能否以及如何影响混改国企资产保值增值等问题,扩展了混改国企董事会结构与资产保值增值关系的理论研究。

(3) 丰富了国有股东与非国有股东关系研究的理论基础。本书基于股东资源与治理结构双视角研究发现,随着国有股东控制度的增加,国有股东控制度对非国有股东的董事会权力与混改国企资产保值增值的关系先后发挥优势互补效应和治理制约效应,呈现双重调节效应。国有股东与非国有股东相互借助对方资源优势提高产出效率,且通过相互制衡的权力配置提高决策效率与质量,实现异质股东关系的对立与统一,这与传统委托代理理论下异质股东之间相互监督制衡的对立关系形成鲜明对比。资源依赖理论与委托代理理论的结合丰富了异质股东关系研究的理论基础,有助于为混改国企中国有股东与非国有股东权力的合理配置提供理论指导,从而促进混改国企资产保值增值。

本书研究的现实意义主要体现在以下三方面。

首先,在党的十八届三中全会将混改确立为新一轮国企改革的重要突破口之前,国企混改的力度与深度不足,导致很多国企虽然在股权结构上实现了混合所有,但由于非国有资本的话语权有限,难以实现非国有资源与国有资源的真正融合。本书基于资源依赖理论,选取股东资源视角分析了国企混改的物质基础在于非国有资源与国有资源的优势互补性,解释了非国有股东的董事会权力来源于非国有资源的禀赋优势,并以此剖析非国有股东的董事会权力对混改国企资产保值增值的影响机理。选取股东资源研究视角有助于对参与国企混改的非国有股东的身份认识由财务投资者转变为战略投资者,更加贴合新一轮国企混改强调不同所有制资本深度融合的宗旨,有利于真正实现非国有资源与国有资源互补优势,进而促进混改国企资产保值增值。

其次,国企难以摆脱政府干预与行政治理的影响,导致非国有资本参股国企面临"玻璃门""旋转门"和"弹簧门"等制度障碍，同时存在对参股后丧失话语权的担忧，因此，非国有资本对于参与国企混改的积极性普遍不高。本书通过探讨非国有股东的董事会权力对混改国企资产保值增值的影响关系，证实了非国有股东的董事会权力对混改国企资产保值增值的正向促进作用，在国企引入非国有资本实施混改的过程中，应允许并鼓励非国有股东以委派董事的形式参与国企治理。这不仅有助于加强国企董事会的决策与监督职能，同时也是对非国有资源能够得以高效利用的权力保障，提高非国有股东参与国企治理的话语权和积极性，促进非国有资源与国有资源优势互补效应的发挥，进而提升混改国企资产保值增值。研究结论对混改国企通过合理配置非国有股东在董事会的权力解决非国有资本"不愿混"问题具有一定的现实指导意义。

最后，由于历史遗留问题，我国国企普遍存在国有股"一股独大"现象。国企混改后，对于国有股东控制度应当如何配置这一问题一直存在争议。本书考察了国有股东控制度在非国有股东的董事会权力与混改国企资产保值增值关系中的调节作用，结果表明，国有股东控制度在非国有股东董事会权力对混改国企资产保值增值的促进作用中发挥倒U形调节效应，即当国有股东控制度在较低水平时，随着国有股东控制度的增加，国有资源优势越强，能够为非国有资源的优势发挥提供良好的平台，有助于增强非国有股东的董事会权力对混改国企资产保值增值的促进作用；但当国有股东控制度较高时，会限制非国有股东参与治理的能力，不利于非国有资源优势的充分发挥，会削弱非国有股东的董事会权力对混改国企资产保值增值的促进作用。因此，在国企引入非国有资本实现混合所有制后，国有股东控制度不宜过低也不宜过高，应当以辩证的态度对待国有股东的治理效应。

1.2 概念界定

1.2.1 混合所有制企业

对混合所有制企业的界定，首先需要明晰混合所有制的内涵与基本实现形式。混合所有制本质上是关于所有制的制度安排，其特殊性在于，混合所有制是公有、非公有不同产权主体资本的混合。在宏观层面，混合所有制是由单一的公有制经济发展为以公有制经济为主体、多种所有制经济并存的基本格局。在企业层面，混合所有制是多种经济成分之间相互渗透、相互融合，促进企业股权多元化。混合所有制的实现形式，在宏观层面体现为公有制与非公有制的并存和共同发展，在微观层面包括以共同劳动为基础的混合所有制，如合作制；单纯的财产混合所有制，如股份制、合资企业等；在劳动合同财产基础上的混合所有制，如股份合作制（曹立，2004）。"混合所有制经济"这一概念由1997年党的十五大首次提出，是指由不同所有制的经济主体（包括企业法人和自然人）通过资本联合或经营联合而形成的一种新型的所有制形式，它不是一种独立的经济成分，而是多种所有制经济成分的混合（石予友，2010）。混合所有制经济在宏观上是一种社会经济成分，在微观上是一种企业资本组织形式。我国新一轮国企改革背景下的混改主要针对微观的企业层面，即企业股东由不同所有制性质的投资主体组成。

我国的混合所有制企业产生于计划经济向市场经济的转轨过程，是为适应市场经济发展的需要对国有企业进行改革而产生的一种新型所有制形式的企业，是与国有企业、民营企业长期共存的新型、现代企业组织形态。在学术研究中，针对混合所有制企业的概念界定主要包括以下几种：①除纯国有、纯集体、纯私营、港澳台和外商独资之外的工业企业均为混合所有制企业，这是广义的混合所有制企业（陈东 等，2014）；②狭义的混合所有制企业是指实收资本中含有公有资本与非公有资本的企业（陈林 等，2014；吴万宗 等，2016）；③李永兵等（2015）、杨志强等（2016）、卢建词和姜广省（2018）及解维敏（2019）在实证研究中将前十大股东中既有国有股东也有非国有股东的上市公司界定为混合所有制企业。本书在国企深化改革背景下，聚焦新一轮国企混改，更加注重非国有资本与国有资本的实质融合，若参与国企混改的非国有股东持股比例过小，由于参与治理的能力受限且动力不足，难以真正发挥非国有资本与国有资本的协同效应，同时也兼顾实证研究中股东资料的可获得性，对股东股权性质的判断仅限定于前十大股东。因此，本书对混合所有制企业的界定借鉴上述第三种定义。

尽管混合所有制企业是与国有企业、民营企业共存的企业组织形态，但在企业实践与理论研究中并未对混合所有制企业进行独立分类，导致出现的情况是，某类企业既被称为国有企业或民营企业，同时也符合混合所有制企业的定义，这种情形在新一轮国企混改背景下更为常见。国有企业通过引入非国有资本实现混合所有制，而当第一大股东仍为国有时，通常仍被称为国有企业，但由于符合混合所有制企业的定义，因此，本书将此类第一大股东为国有股东的混合所有制企业称为混改国企。

1.2.2 非国有股东的董事会权力

对非国有股东的董事会权力的概念界定包括两方面：一是对权力主体，即非国有股东的界定；二是对股东的董事会权力内容及其实现形式的明晰。

非国有股东代表参与国企混改的非国有投资主体，具体来说，一方面，根据重要性和数据可获得性原则，由于持股过低的股东不足以对企业治理结构发挥有效改善作用，且尚未有公开权威数据库披露前十大股东之外的其他股东数据资料，因此，本书将非国有股东限定于混改国企前十大股东。另一方面，考虑到机构投资者的财务投资目的，且机构投资者的优势在于投资管理专业化、投资结构组合化、投资行为规范化等方面（张涤新 等，2017），尽管现有研究已证实机构投资者参与企业治理能够提高企业信息披露的精确性（高敬忠 等，2011）、提高会计信息质量（杨海燕 等，2012）、提高投资效率（唐松莲 等，2015）、降低盈余管理（孙光国 等，2015）、抑制费用黏性（梁上坤，2018），但机构投资者在参股企业具有治理效应的内在机理主要是发挥第三方的监督与制衡作用，难以在企业经营业务上与国企形成优势互补。而参与国企混改的其他非国有企业法人除了监督与制衡作用外，还通常与国企在市场资源、技术能力及硬件设施方面具有优势互补性（李明敏 等，2019）。因此，为提高理论研究与国企混改实践的贴合程度，增强研究结论的理论指导意义，本研究将机构投资者（基金公司、券商、保险公司、财务公司、银行及合格境外投资者等）排除在非国有股东之外。综上，本书研究中的非国有股东指的是混改国企前十大股东中除国有股东和机构投资者外的其他股东，包括自然人股东和非国有企业法人股东。

股东的董事会权力隶属于股东权力，是股东权力在董事会层面的体现。根据公司治理结构中的委托代理关系，股东大会选举产生董事，董事代表股东行使董事会的决策与监督职能，并对股东负责。具体地，董事会的决策职能是指对公司重要生产经营活动相关事项的投票决策，包括经营计划、投资方案、利润分配方案、基本管理制度及经理层薪酬等各种需要通过董事会审议的事项。董事会的监督职能包括对经理的聘任、考核、薪酬制定及解聘等。因此，股东的董事会权力内容包括股东在董事会层面对董事会审议事项的决策权及对经理层的监督权。进一步地，股东的董事会权力取决于股东自身所拥有并投入企业的资源禀赋优势，具体分析见后文的董事会权力来源分析。此外，针对股东的董事会权力实现形式，借鉴逯东等（2019）对国企中非实际控制人董事会权力的界定，认为股东在董事会拥有的决策、监督权通过委派董事的形式实现，由此，股东的董事会权力大小也可通过股东在董事会中所占席位数为表征变量来反映。综上，在本书研究中，非国有股东的董事会权力是指混改国企前十大股东中除机构投资者外的非国有股东基于自身资源禀赋优势，在董事会层面通过委派董事而拥有的决策权和监督权。

1.2.3 资产保值增值

资产保值增值包括资产的保值与增值两方面，保值是基础，增值是目标。资产保值是指企业在考核期内期末所有者权益等于期初所有者权益，资产的价值保持原值，不受减损。资产增值是指企业在考核期内期末所有者权益大于期初所有者权益，经过价值创造后，资产价值得以提高。在现有研究资产保值增值的文献中，对资产保值增值的衡量，多数学者借鉴《国有资产保值增值考核试行办法》中规定的国有资产保值增值测度指标，即国有资产保值增值率（期末所有者权益/期初所有者权益×100%）。祁怀锦等（2018）在计算资产保值增值中考虑了物价变动因素的影响，在已有指标计算的基础上减去同期物价指数变动率。然而，李小平（2005）认为在上述指标的计算下，实现资产增值是以净利润的获取为前提，但在净利润的计算中，只扣除了债务成本，尚未扣除权益资本成本。因此，以净利润为计算前提的所有者权益及其变化不能真正反映资产保值增值状况，而应该基于经济增加值（Economic Value Added，EVA）计算资产保值增值率（基于EVA的期末所有者权益/基于EVA的期初所有者权益×100%）。基于EVA思想，郭檬楠和吴秋生（2019）选取EVA与总资产的比值衡量国企资产保值增值。

  所有者权益包括股本、资本公积、盈余公积和未分配利润，但并非这四个项目的任何变动都能反映资产保值增值。若出现追加或撤回投资、资产评估增值或利润分配，尽管导致了所有者权益变动，但并不代表资产保值增值。因为追加或撤回投资属于投资者的行为，与企业实现资产保值增值的能力无关；资产评估增值通常是由于市场公允价值发生变化；被分配的利润是由企业活动创造的价值，但没有包含在期末所有者权益中。因此，通过直接对比期末与期初的所有者权益计算资产保值增值有待商榷。真实的资产保值增值与投资活动、筹资活动和利润分配无关，而是取决于当期的经济业绩，即净利润。同时，结合EVA思想和物价变动因素，在计算中考虑权益资本成本和物价指数变动。综上，本书研究中对资产保值增值的界定与衡量排除了筹资活动、资产评估及利润分配的影响，考虑了权益资本成本和物价变动因素，以"（期初所有者权益+当期EVA）/期初所有者权益-物价指数变动率"来衡量。

1.3 研究思路和研究内容

  资产保值增值是新一轮国企混改的重点考核指标之一。国有企业通过引入非国有资本参股实现混合所有制，然而，仅参股难以提高非国有股东参与国企混改的积极性，不利于发挥非国有资源的优势效用。因此，混改国企中非国有股东的权力由股权层面渗透至董事会层面已成为非国有股东参与混改国企治理的主要特征之一。在混改国企中，非国有股东的董事会权力是否以及如何影响混改国企资产保值增值，是促进国企混改目标实现亟待解决的问题。本研究将试图回答以下问题。

（1）混改国企中非国有股东的董事会权力配置依据是什么？如何解释非国有股东的董事会权力对混改国企治理结构的改善作用？非国有股东的董事会权力与股权之间应当体现什么配置特征？

（2）非国有股东的董事会权力是否会影响混改国企资产保值增值？与股权制衡相比，异质股东的董事会权力制衡对混改国企资产保值增值的影响效应是否有差异？进一步地，在董事会权力与股权非对等配置逻辑下，非国有股东超额委派董事如何影响混改国企资产保值增值？

（3）非国有股东的董事会权力通过哪些路径影响混改国企资产保值增值？

（4）混改国企中，国有股东控制度如何影响混改国企资产保值增值？国有股东控制度如何影响非国有股东的董事会权力与混改国企资产保值增值的关系？

针对上述问题，本书各章节的研究内容如下。

第1章为绪论。主要介绍本书研究问题的现实背景和理论背景，指出混改国企中非国有股东的董事会权力配置与资产保值增值问题研究的重要性和迫切性，并阐明这一研究的理论价值和现实意义。为使研究内容更加清晰明确，本章对书中使用的基本概念进行了界定。最后，梳理本书的研究思路和内容，概述书中采用的研究方法，并通过技术路线图清晰呈现出研究思路、内容与方法。

第2章为文献综述。依据研究主题从以下三方面展开文献综述：董事会权力、国企混改经济后果及其影响因素、混改国企中非国有股东的董事会权力对经济后果的影响，通过借鉴现有研究成果，总结现有研究不足，提出本书的研究视角与研究内容。

第3章为非国有股东的董事会权力影响混改国企资产保值增值的理论分析框架。其一，从股东资源与治理结构双视角分析混改国企中非国有股东的董事会权力的来源，其中，股东资源视角下的分析是以非国有股东与国有股东的资源优势互补性为基础的；其二，从权力主体、权力来源、权力的实现形式及权力内容等方面分析非国有股东的董事会权力内涵；其三，基于非国有股东的董事会权力来源，探讨非国有股东的董事会权力与股权的非对等配置逻辑；其四，基于混改国企中非国有股东与国有股东的利益博弈，进一步分析非国有股东的董事会权力影响混改国企资产保值增值的内在机理；其五，基于理论分析构建概念关系模型，概念关系模型是后文研究的高度概括。

第4章讨论非国有股东的董事会权力对混改国企资产保值增值的直接影响作用。基于第3章的理论分析，采用实证研究方法验证非国有股东的董事会权力对混改国企资产保值增值的影响作用，比较非国有股东的董事会权力与股权对混改国企资产保值增值作用强度的差异；进一步地，依据非国有股东的董事会权力与股权的非对等配置逻辑，实证检验非国有股东超额委派董事对混改国企资产保值增值的影响作用，有助于深化混改国企的董事会结构研究。

第5章探讨非国有股东的董事会权力对混改国企资产保值增值的影响路径。基于股东资源与治理结构双视角，分别从资产运营效率和经理管理防御两个维度探讨非国有股东的董事会权力对混改国企资产保值增值的影响路径，采用实证研究方法验证其中介效应，以探析非国有股东的董事会权力影响混改国企资产保值增值的作用过程。

第6章探讨国有股东控制度对非国有股东的董事会权力与混改国企资产保值增值关系的调节效应。国企混改后，国有股东依然拥有一定的控制度，并会对非国有股东的治理效用产生影响。基于此，本章考察国有股东控制度对非国有股东的董事会权力与混改国企资产保值增值关系的调节效应，以进一步探索非国有股东的董事会权力对混改国企资产保值增值发挥影响作用的边界条件。

第7章为研究结论与讨论。总结主要研究结论，提炼研究创新，根据研究结论为企业管理实践提出启示与建议，并指出本研究的局限之处及未来的研究展望。

1.4 研究方法和技术路线

为深入系统地探究非国有股东的董事会权力对混改国企资产保值增值的影响作用，本研究采用了以下几种研究方法。

（1）文献研究法。针对本书的研究内容，笔者仔细研读并梳理了相关文献，主要包括董事会权力的衡量、配置及影响后果，国企混改的经济后果及其影响因素，以及非国有股东的董事会权力对混改国企经济后果的影响关系。总结现有文献的研究脉络与主要结论，找出有待创新与改进的局限之处，为本书研究思路与视角的选取提供理论支撑与启示。

（2）理论分析法。本研究主要探讨非国有股东的董事会权力对混改国企资产保值增值的影响作用，一方面基于委托代理理论分析非国有股东的董事会权力产生的制衡效应；另一方面基于要素禀赋理论分析了国有资源与非国有资源相互的比较优势，进而在资源基础理论和资源依赖理论视角下分析了股东资源与股东权力的关系，从股东资源角度阐述非国有股东的董事会权力对混改国企资产保值增值发挥影响作用的内在机理。

（3）博弈模型分析法。在混改国企中，非国有股东与国有股东存在利益博弈，为了进一步考察双方的策略选择与博弈问题，本书尝试构建一个非国有股东与国有股东的博弈模型。基于博弈模型的推导结果，进一步从理论上分析非国有股东的董事会权力对混改国企资产保值增值的影响机理。

（4）实证研究法。在理论分析的基础上提出研究假设后，通过选取样本、搜集数据、定义变量及构建实证模型，运用回归分析方法检验研究假设的真伪。基于检验结果分析变量间的理论关系，对于证实的研究假设，进一步分析研究假设背后的现实意义与理论价值；对于证伪的研究假设，需要探究其原因，并给出合理解释。最后，为提高研究结论的稳健性，对可能存在的内生性问题进行内生性检验，并通过更换样本或变量衡量方法进行稳健性检验。

本书的技术路线如图 1.1 所示。

第 1 章 绪 论

研究内容	研究技术
研究背景与问题提出 ↓ 文献综述 — 董事会权力的相关研究；国企混改经济后果及其影响因素；非国有股东的董事会权力对混改国企经济后果的影响	◆ 文献研究法 文献检索 文献梳理
理论分析框架 — 双视角下混改国企中非国有股东的董事会权力来源分析：非国有股东的董事会权力内涵分析；非国有股东的董事会权力与股权非对等配置；非国有股东与国有股东的利益博弈 ↓ 非国有股东的董事会权力影响混改国企资产保值增值的内在机理 ↓ 构建理论模型	◆ 理论分析法 归纳分析 对比分析 ◆ 博弈分析法
非国有股东董事会权力对混改国企资产保值增值的影响 直接影响：与非国有股权的作用对比、非对等配置、非国有股东超额委派董事的影响作用 路径分析：股东资源视角（资产运营效率）、治理结构视角（经理管理防御） 调节作用：股东资源视角、治理结构视角（国有股东控制度）	◆ 实证研究法 描述性统计 相关性分析 逐步回归
研究结论与展望	

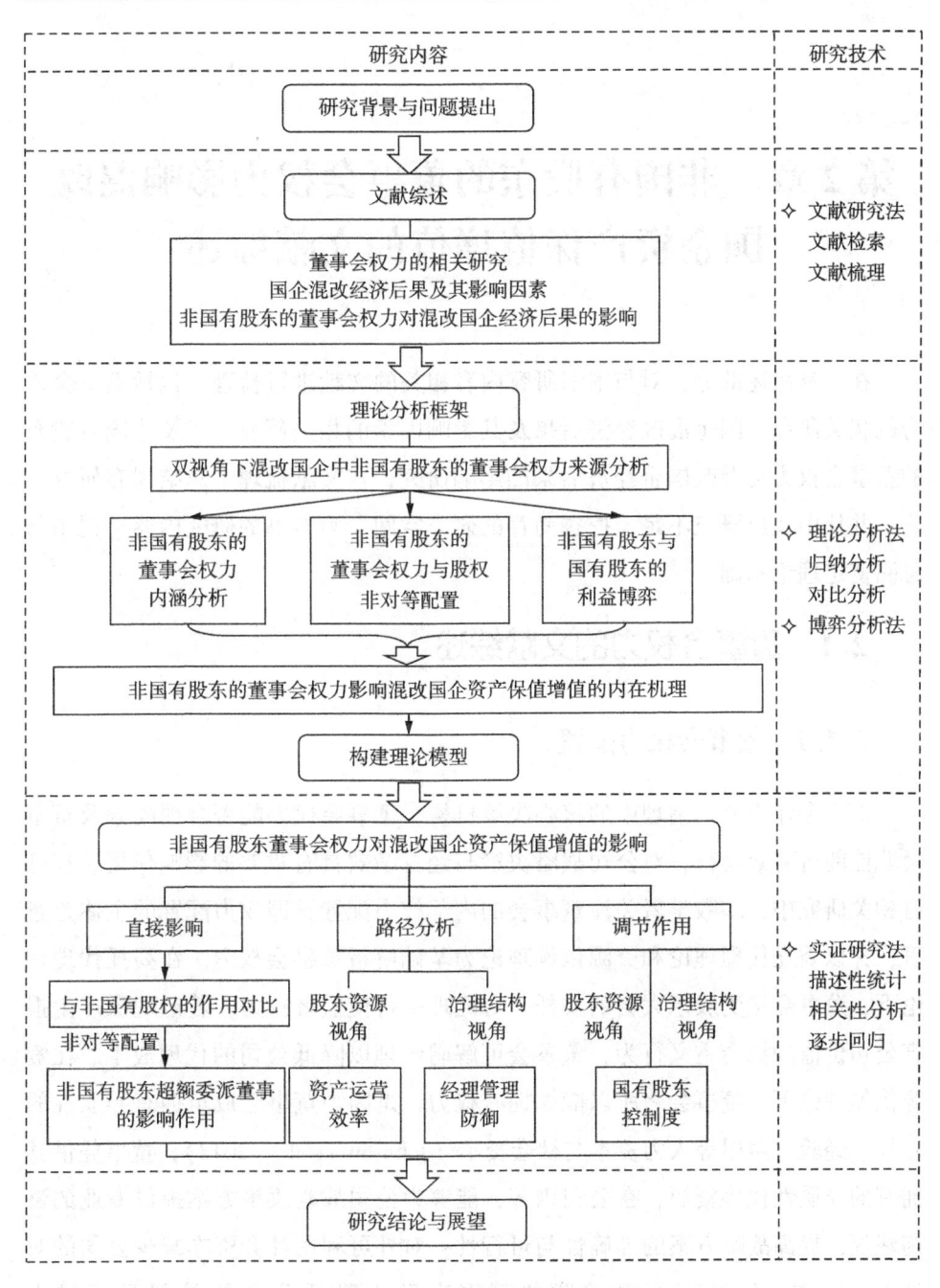

图 1.1　研究内容和技术路线

第 2 章　非国有股东的董事会权力影响混改国企资产保值增值的文献综述

在文献综述部分，对与本书研究内容相关的文献进行梳理，包括董事会权力的相关研究、国企混改经济后果及其影响因素的相关研究，以及非国有股东的董事会权力对混改国企经济后果的影响研究，在文献梳理中总结现有研究结论，并从中找出研究不足，挖掘尚存的研究空间，为本书的研究内容、视角与思路奠定理论基础。

2.1　董事会权力的文献综述

2.1.1　董事会权力配置

董事会作为公司治理中的核心决策机构，董事会权力能否合理配置及董事会职能能否有效履行，对公司战略决策与经营绩效具有重要的影响作用。在已有相关研究中，多数学者关注董事会的内部权力配置，即权力配置的主体是董事，并以委托代理理论和资源依赖理论为基础解析董事会权力。在委托代理理论下，董事会接受股东大会的委托，对经理层行使监督权力，若经理层产生损害公司价值的机会主义行为，董事会可解聘经理以降低公司的代理成本。在资源依赖理论下，董事会之所以能够拥有权力，是因为董事会成员拥有异质性的专长、经验、声望等人力资本与社会资本（Johnson et al., 2013），董事凭借其拥有的异质性优势资源，在公司内部，能够为公司战略决策方案提供专业的咨询建议，提高战略方案的准确性与可行性；对外可利用社会资本减少公司的对外交易成本，如具有金融关联的董事有助于降低公司的外部融资成本（Dalziel et al., 2011）。王斌等（2015）的研究也指出，董事会的主要职能是提供决策支持资源，发挥群体决策优势，形成资源共享。

针对董事会内部的权力结构，胡斯等（Huse et al.，2011）及米勒等（Miller et al.，2009）从人口学和认知特征的视角，讨论了董事会团队的构成情况对董事会内部权力结构的影响。然而，基于董事会权力形成的董事会外部纵向层级却很少被关注。在董事会权力治理的研究中，多数文献假定董事会结构直接作用于企业绩效，而尚未剖析两者之间的作用路径与机制（Pettigrew，2007），于是有学者开始探究董事会发挥决策与监督职能的行为过程（邵毅平等，2015）。因此，对董事会权力配置的研究逐渐由董事会内部转移到了董事会外部，进而探讨董事会外部权力主体在董事会层面拥有的权力。从股东大会—董事会—经理层的委托代理关系链条来看，股东是主要的董事会外部权力主体。

莫里等（Maury et al.，2005）及巴罗佐等（Barroso et al.，2016）研究了股东权力的配置问题，结果均表明，大股东之间的权力分配越接近，越有助于提高公司整体价值。然而，针对股东的董事会权力配置，大多数研究基于传统委托代理理论，认为股东的董事会权力应当基于股东所拥有并投入企业的物质资产价值，即股东所持股权进行配置。但在夏姆（Shum，2010）提出"股东资源"这一概念后，学者们意识到，股东向企业投入的要素既包括财务资源，也包括社会资本、人力资本、技术资源等非财务资源，而股权只反映了股东对企业投入的价值可量化的资产，并未体现价值不可量化的股东资源。因此，尽管股权结构是董事会权力配置的基础，但将对股东的董事会权力来源的理论解释视角扩展至股东资源更具全面性（王斌 等，2015）。至此，更多学者比较支持资源依赖理论视角下艾默生（Emerson，1962）阐述的"依赖—权力"的关系逻辑，认为企业内股东权力配置内生于股东资源的相互依赖性（Rajan et al.，1998）。此外，梯若尔（Tirole，2001）的研究指出实际控制权的配置应该与信息和知识的分布相对称，即控制权应该配置给掌握信息和知识的人，这样可以降低控制权配置成本，其中的"信息和知识"则是属于股东资源中的非财务资源。因此，资源依赖理论能够作为传统委托代理理论解释股东的董事会权力配置依据的有益补充，且希尔曼等（Hillman et al.，2003）的研究已经结合资源依赖理论与委托代理理论探讨了股东委派董事的治理效应。

2.1.2 董事会权力测度

针对董事会权力的测度,大多数文献借鉴芬克尔斯坦(Finkelstein,1992)对管理者权力的维度划分,包括结构性权力、股权性权力、专家性权力和声望性权力四个维度(周杰 等,2013;范建红 等,2015)。其中,结构性权力亦即职位性权力,取决于正式的组织结构安排,是以职位为载体而存在的法定权力;股权性权力是股东基于所持股权而拥有的话语权;专家性权力来源于权力主体个人所具备的专业技能,是以专家的权威性与专业性而拥有的对企业经营决策的影响力;声望性权力是指由权力主体个人的外界评价和社会名望带来的话语权与影响力。

除了借鉴管理者权力的四个维度衡量董事会权力外,学者们仍在探索其他的测度方法。李维安等(2014b)的研究采用董事会任期作为董事会权力的测度指标,其原因在于,相较于任期较短的董事会,任期越长的董事会具有更强的组织承诺,能够充分发挥董事会的职权,如对经理层的有效监督与考评;同时,任期越长的董事会也具备更丰富的决策管理经验与能力,能够为企业的运营管理提供更专业的建议,而这种专业的建议即权力的一种来源。

逯东等(2019)在探讨国企非实际控制人的董事会权力与并购效率的研究中,以非实际控制人是否委派董事及委派董事比例作为非实际控制人的董事会权力的测度变量。其原因在于,拥有话语权是非实际控制人能够发挥治理作用的前提保障(黄速建,2014;郝云宏 等,2015;蔡贵龙 等,2018),同时,为了提高非实际控制人监督的有效性,其拥有的话语权必须能够产生实质的影响作用。非实际控制人获得话语权的主要方式包括持有股权和获得董事会席位。然而,仅基于股权很难保证非实际控制人拥有真正意义上的话语权,当持股比例较低时,会出现人微言轻的困境;而当非实际控制人拥有较高的股权,却不参与董事会治理时,尽管在股东大会层面拥有较高的投票权,但难以参与董事会对企业经营管理的具体决策,基于股权的投票权所能产生的实质影响力很小(蔡贵龙 等,2018)。相比而言,若非实际控制人在拥有较高股权的前提下,还通过占据董事会席位而参与董事会决策,则能够保障非实际控制人有效地

"发声",即能够在董事会决策中拥有话语权,这有助于加深非实际控制人的董事会权力的实质性。这是由于,一方面,拥有董事会席位的非实际控制人能够直接参与董事会对企业经营管理决策的投票表决。董事会处于企业内部决策系统的核心地位(Fama et al.,1983),对企业的经营管理、投资决策、筹资决策及经理层的考评和任免都具有最终决议权。根据董事会一人一票的投票机制,只要在董事会中占有席位,则相当于进入了企业的核心权力中心,能够对董事会表决的所有提案发表具体意见。另一方面,拥有董事会席位还可以缓解股东与经理层之间的信息不对称性,有助于拥有董事会权力的股东获得额外的企业内部经营信息,帮助非实际控制人作出准确度更高的决策。根据董事会议事的一般流程,在对议案进行最终投票表决前,经理层需要向董事会提供议案相关的信息和资料。对于获得董事会席位的非实际控制人来说,除可以获得所有股东均能获得的信息外,还可以在参加董事会的过程中获得经理层提供的额外具体信息(Kim et al.,2014)。这些额外具体信息能够很大程度地降低非实际控制人的信息劣势,有助于非实际控制人对议案作出更为准确的判断,从而能够缓解国有企业"董事虚置"的治理缺陷,提高董事会权力行使的有效性。

除此之外,也有学者对董事会权力的结构进行了量化研究。黄文锋和张建琦(2016)采用职位、任期、兼职、股权和职称等指标首先测度每位董事的权力,并运用基尼系数计算企业董事会权力的集中程度。曲亮等(2016)从经济型权力和行政型权力两个维度对董事会权力进行划分,并针对国企董事会分析了两者的二元分化与耦合机制。

2.1.3　董事会权力结构对企业经济后果的影响研究

本书探讨非国有股东的董事会权力对混改国企资产保值增值的作用机理,以期深化混改企业董事会权力结构对经济后果的影响,因此,本小节内容考察了董事会权力结构对企业经济后果影响的相关文献。根据权力主体划分,董事会权力的研究范畴包括两方面:董事会内部的横向权力结构,权力主体为董事会成员;董事会外部主体在董事会层面拥有的纵向权力结构。而在目前研究董事会权力结构影响企业经济后果的文献中,大多集中探讨权力主体是董事会成员的内部横向权力结构。进一步地，在董事会成员中，根据独立性的不同，可将董事会成员划分为独立董事和非独立董事。独立董事的独立性体现在，独立于公司股东且不在公司中内部任职，并与公司或公司经营管理者不存在重要的业务往来，能够对公司事务发表独立的判断。对于独立董事在公司中发挥的治理效应，国内外学者均进行了大量研究。

  针对独立董事发挥治理效应的研究，国外学者早期的研究结论表明，在公司董事会中，独立董事的席位占比越高，大股东和经理层实施控制的难度越大，越有助于外部利益相关者的权益保护，因此，独立董事的席位占比一直都作为衡量独立董事有效性的重要指标。基于此，大量文献考察了独立董事占比对企业经济后果的影响作用。然而，由于所选的研究样本或企业经济后果的衡量方法存在差异，学者们得出的研究结论也不尽相同。贝辛格等（Baysinger et al.，1985）及布里克利等（Brickley et al.，1994）在探究董事会中独立董事占比对经营业绩的影响关系中发现，独立董事占比越高，越有助于提升企业的市场绩效。罗兹等（Rhoades et al.，2000）探讨了董事会中外部董事占比与企业绩效的关系，研究结论表明外部董事占比与企业绩效呈现显著正相关关系。上述研究中所选研究样本均是基于欧美发达资本市场，同时，也有学者以我国上市公司作为研究样本，探讨独立董事占比与企业价值之间的关系，部分研究证实了独立董事占比对企业价值提升的积极促进作用。后续也有学者从经营业绩、会计信息披露等角度证实了独立董事制度的有效性。然而，与上述研究结论相反的是，另外有不少文献的经验研究显示，独立董事不仅未对企业价值产生促进作用，反而发挥负向作用。巴恩哈特等（Barnhart et al.，1998）运用复杂的计量模型检验独立董事占比与企业业绩之间的相关性，结论显示为显著的负相关关系。阿格拉瓦尔等（Agrawal et al.，1996）结合运用理论推演和实证检验的方法，探究独立董事占比与企业业绩之间的关系，结果也表明，独立董事人数越多，企业的业绩表现越差。随着独立董事占比的提高，董事会整体人数也得到了扩充。但在董事会整体规模扩充的背景下，企业绩效却并未得到提升，反而是降低了，这表明独立董事占比的增加在一定程度上会减损企业价值，独立董事制度并不一定是有效的。

从国内学者的研究成果来看，多数文献仍是基于独立董事占比这一变量来考察独立董事治理的有效性。与国外学者的研究结论类似，有的研究认为独立董事占比能够促进企业绩效的提升，而有的研究结论却表明两者呈现负相关关系。在吕长江和王克敏（2004）及赵昌文等（2008）的研究中，运用不同的研究样本和研究方法检验独立董事占比与企业绩效之间的关系，他们的研究结论均表明，独立董事占比能够正向促进企业绩效提升。与国外成熟的市场环境不同的是，我国上市公司所处的经营环境较为特殊，如比较重视社会关系、部分民营企业存在明显的家族管理特征及企业对职工的薪酬激励力度较低等。在这种经营环境下，容易产生管家效应，从而导致董事会对控制权过分集权，反而不利于预期经营目标的实现。因此，从外部竞争环境中聘请管理者进入董事会，有助于提升企业管理的科学性，同时赋予管理层充分的治理权力，并对其进行期权和股权的激励，能够最大化地实现公司价值。基于我国企业目前面临的经营环境，提高独立董事占比会加强董事会对企业控制权的集中度，不利于调动公司经理层的积极主动性。李维安和孙文（2007）以我国上市公司为样本，运用南开大学公司治理指数中的董事会治理指数验证独立董事制度的有效性，通过检验两者的相关性，结果表明两者关系不显著，这说明我国独立董事制度的有效性还有待进一步提升。

此外，学者们针对董事会结构与企业经济后果之间的关系也进行了大量的探索与研究。在人口学特征方面，通过运用董事会成员年龄、任期、受教育水平的平均值及年龄、任期、教育水平的异质性作为董事会人力资本的特征替代变量，探讨董事会的人力资本特征对董事会决策质量与监督效率的影响作用，结果表明均无显著影响。在董事会成员构成方面，针对内部董事比例，有文献研究了内部董事比例对董事会决策质量和监督效率的影响关系，从两者的直接影响关系来看，呈现显著的正相关，而在进一步探究内部董事比例对董事会决策质量和监督效率的作用路径中发现，内部董事比例对董事会决策质量的影响由于董事会监督效率的间接作用而弱化，内部董事比例对董事会监督效率的影响由于董事会决策质量的间接作用而消失。同时，董事会外部社会资本中连锁董事能够正向促进董事会决策质量的提升，而与董事会监督效率不存在显著的影响关系。针对独立董事，有学者的研究发现：提高家族控股公司的独立董事比例，能够促进其创新行为，进而有助于提高家族控股公司的成长性。李长娥和谢永珍（2017）的研究将董事会权力分为正式权力与非正式权力，分别探讨两种权力对民营企业成长性的影响作用，结果表明，董事会正式权力层级有助于民营企业创新战略的实施，而非正式权力层级不利于民营企业实施创新战略；创新战略与民营企业的成长性之间呈现先负后正的 U 形关系；创新战略在董事会权力层级与民营企业成长性之间发挥中介效应。汪丽等（2006）研究了董事会在战略决策中的作用，具体探讨董事会的职能发挥对公司决策质量的影响作用，通过结合采用探索性分析和验证性分析的方法，证实了董事会职能对决策质量具有显著的正向促进作用，且决策承诺在两者关系间发挥中介效应。李小青（2012）也针对董事会职能展开研究，结果表明，董事会职能背景异质性能够正向促进企业创新战略，进而提升企业价值；同时，该研究还讨论了董事会任期异质性与创新战略的关系，结果显示为显著的负相关关系。类似地，针对董事会内部的特征异质性，叶蓓（2017）研究了董事会异质性与公司多元化程度及经营绩效的关系，结果表明董事会职业异质性与公司多元化发展及企业价值正相关，社会异质性与公司多元化发展及企业价值负相关。有学者的研究指出，董事会多元化通过创新战略对民营企业短期和长期成长的影响有所差异。

在董事会治理特征与企业经济后果的直接关系基础上，有大量文献研究了外界因素对两者关系的调节效应。张维今等（2018）的研究基于资源依赖理论，在探讨董事会资本影响研发投入的基础上，进一步深入讨论了 CEO 权力对两者关系的调节效应，结果表明，董事会人力资本和社会资本对公司创新发挥显著影响，CEO 权力对两者关系具有显著的正向调节作用。刘柏和郭书妍（2017）结合中国国情和上市公司具体情况，以学历水平和海外经历这两个指标衡量董事会人力资本，继而研究董事会人力资本对企业绩效的影响关系及针对这一影响关系的调节因素，结果表明，董事会成员海外经历对董事会成员学历水平与公司绩效之间的关系具有调节作用。范建红和陈怀超（2015）利用上市公司的披露数据，研究了董事会社会资本与研发投入的关系及董事会四种权力对两者关系的调节效应，结果表明，从董事会社会资本的网络嵌入角度来看，董事会网络嵌入负向抑制研发投入，针对董事会四种权力的调节效应分别是，董事会结构性权力加强了上述负向关系，专家性权力和声望性权力均削弱了上述负向关系，股权性权力对上述负向关系不存在显著的调节作用；从政治关联角度来看，董事会政治关联能够正向促进研发投入，且董事会股权性权力、专家性权力和声望性权力均可加强这一正向关系，结构性权力对上述正向关系不存在显著的调节作用。严若森和钱晶晶（2016）在探究董事会资本与企业研发投入之间关系的基础上，进一步考虑 CEO 股权激励的调节作用，结果表明，董事会人力资本与社会资本均对企业研发投入发挥正向促进作用；且 CEO 股权激励能够加强董事会人力资本与研发投入的正向关系，但对董事会社会资本与研发投入的正向关系发挥负向调节作用。郭军和赵息（2015）以我国深市 A 股上市公司为样本，探讨董事会治理特征与内部控制缺陷的关系，研究发现，董事会独立性与内部控制缺陷的关系不显著；董事会团队异质性及董事会审计委员会设立时间与内部控制缺陷显著负相关。进一步地，他们还考察了高管权力发挥的调节效应，结果表明，高管权力会削弱董事会治理对内部控制缺陷的降低作用，即高管权力越大，越不利于发挥董事会治理对内部控制缺陷的约束作用。张耀伟等（2015）的研究系统考察了董事会非正式层级强度对企业绩效的作用机制，并考虑了最高层级董事身份和控股股东性质对两者关系的调节作用。研究发现，董事会非正式层级强度可正向促进企业绩效，这种促进作用仅存在于董事会最高层级董事不兼任总经理职务的情况；与民营企业相比，国有企业董事会非正式层级强度对企业绩效的促进作用更强。李维安等（2014a）以进行跨国并购中国企业为样本，探讨董事会异质性和董事会断裂带与跨国并购成败的关系，并考虑了行业环境的调节作用，结论显示，董事会异质性对跨国并购不存在显著影响，董事会断裂带对跨国并购具有显著的负向影响；考虑行业环境因素后，环境包容性对董事会异质性与跨国并购的关系发挥正向调节效应，这能够为有意进行跨国并购的企业针对如何构建董事会提供理论指导。

2.2 国企混改经济后果及其影响因素的文献综述

2.2.1 国企混改的经济后果研究

我国国企的混合所有制改革已进行了40余年，学者们针对国企混改的经济后果展开了丰富的研究。在国外的企业改革实践中，虽然并未明确提出"混合所有制改革"这一概念，但与之类似的是Privatization，即国企的私有化或民营化，并有大量学者以不同国家的企业数据为样本探讨了私有化对国企经济后果的影响。奥姆兰（Omran，2004）以埃及国有企业为样本，探讨私有化对国企财务绩效和经营绩效的影响，结果表明，国企私有化后，利润率、运营效率、资本支出和股利都有显著提高；尽管企业的就业人数在私有化后呈现略微的下降，但企业经营的杠杆风险的下降程度更加显著。范姆等（Pham et al.，2008）以越南的国有企业为样本研究私有化对企业带来的影响，结果表明，与私有化之前的状况相比，企业私有化后的盈利能力下降；资产流动性提高，营运资金管理有所改善；财务杠杆提高，由此带来更高的偿债风险，但能够获得更多现金资源，为企业投资的资本支出提供资金支持。米哈尔（Michal，2011）根据捷克共和国的经验描述了中欧和东欧私有化的演变过程，指出私有化是对国际货币基金组织标准重组和调整方案（反通胀宏观经济政策、价格自由化和外贸）的重要补充。根据捷克共和国的经验，国有与私有相结合，能够促进资本市场的快速发展。拉马蒙贾里维洛等（Ramamonjiarivelo et al.，2015）探讨公立医院财务困境是否与私有化有关这一问题，结果表明，私有化一方面可以减轻政府为不断亏损的医院持续提供资金的负担，另一方面有助于保持医院开放并保留社区护理的机会，将一家陷入财务困境的公立医院私有化可能是比关闭更好的战略选择。与此类似的还有，加卡尔等（Gakhar et al.，2018）的研究指出，部分民营化可以改善国企绩效。奥切雷等（Otchere et al.，2010）使用会计和股市数据检验私有化企业与其竞争对手的绩效对比，从经营业绩指标的分析来看，在私有化后的一段时期，私有化公司的绩效表现优于同业竞争对手。托多等（Todo et al.，2014）探讨了国有企业私有化是否会增加出口的可能性，该研究的理论分析认为，私有化通过提高生产率和扩大公司规模可对公司出口的可能性产生积极影响，而通过降低公司的长期债务水平则可对公司出口的可能性产生负面影响。然而，定量分析却表明，通过这三个渠道对私有化发生的影响作用很弱。

在诸多研究证实了国企私有化的积极作用后，也有学者持有不同观点。阿利普尔（Alipour，2013）以1998—2006年伊朗公司的数据为样本，研究私有化对国有企业绩效的影响。结果表明，私有化未对在德黑兰证券交易所（TSE）上市的公司的盈利能力产生积极影响，而是负面影响；私有化对这些上市公司的销售效率没有影响，反而这些公司私有化后的债务和风险增加了。杜等（Du et al.，2016）的研究指出，私有化是一个复杂的决策过程，需要政府在各类经济、金融和政治目标之间取得平衡，并验证了私有化程度与公司绩效之间的关系，结果表明两者呈现倒U形关系，并非线性关系，即存在私有化对公司绩效发挥负向作用的区间。

进一步地，不少学者还探讨了私有化发挥作用的边界条件。马塞林等（Marcelin et al.，2015）分析了现行的制度安排，如产权、契约权、政治制度和公司治理实践如何影响私有化公司的业绩、资本市场发展和经济增长，并在大量调研的基础上得出研究结论：私有化可提高公司的绩效、经营效率和盈利能力，从而促进经济增长；这一积极作用在监管制度和法律框架更完备的国家更为显著；在制度环境较差的国家，部分私有化可能是有益的。基凯里等（Kikeri et al.，2016）总结了私有化对国企的影响后果，结果表明，私有化可以改善公司的财务和运营绩效，产生积极的财政和宏观经济利益，进而能够改善社会的整体福利；同时，该研究也指出，私有化总是导致裁员的流行观点是没有根据的。进一步地，该文强调了成功私有化的条件：强有力的政治承诺，加上公众对私有化进程的广泛理解和支持；通过消除进入和退出壁垒来建立竞争性市场，建立以商业为导向的银行系统，并进行金融部门改革，加强对私人所有权收益的有效监管；私有化过程的高透明度；减轻不良社会和环境影响的措施。勃艮第等（Bourguignon et al.，2016）在回顾了国家所有权与私有制的主要理论及私有化对发展中国家影响的经验证据基础上指出，尽管近年来诸多研究都对私有化的效率收益给予肯定，但还需要考虑的一个重要问题是，私有化在不同现实情境下所能发挥的积极效应是不同的，因此，有必要全面评估私有化的事前条件和事后影响、是否具备有效的监管、所有权制度类型，以及当私有化失败时可以得到补偿的方式。

党的十八届三中全会将混合所有制改革确立为深化国企改革的重要举措后，国内学术界从多个视角选取经济后果类指标，验证了新一轮国企混改的有效性。

其中一类研究集中探究混改对企业经济后果正向指标的促进作用，包括生产效率、投资效率、治理效率、创新效率、股利分配及市场绩效等。其一，在企业生产效率方面，陈林（2018）以1998—2008年我国规模以上自然垄断行业的公用企业为样本，探究混改对企业生产效率的影响关系，结果表明，与自然垄断环节相比，竞争性环节的企业混改后的生产效率得以明显提高。其二，在企业投资效率方面，杨志强和李增泉（2018）以国有企业为样本，采用混合所有制改革这一自然实验条件，考察环境不确定性对企业投资效率的影响关系，研究结论表明，混合所有制改革能够减轻环境不确定性对企业投资效率的降低程度。也有学者测度了我国国有上市企业2008—2015年的投资效率，并采用回归模型验证了混合所有制改革对国企投资效率的提高具有促进作用。其三，在企业治理效率方面，杨志强等（2016）考察了混合所有制改革、对经理人员的股权激励及经理管理防御之间的内在联系，研究发现，在股权混合的制度安排下，股权激励对经理管理防御的抑制作用更加明显，且股权混合度越高，即非国有股权比例越大，这种抑制作用越强。其四，在企业创新效率方面，有学者运用实证检验方法证实了混合所有制改革有助于国企提高创新效率，其中主要体现在创新研发效率上，且这种正面影响作用在我国的东部地区更为显著。王业雯和陈林（2017）以我国工业企业为样本，采用倾向得分匹配法探究混合所有制改革对企业创新效率的影响作用，结果证实，混合所有制改革能够促进企业创新效率的提高，且与民营或外资企业相比，这种促进作用在国企中更为显著。朱磊等（2019）从股东类别多元化和股权融合度两方面衡量混合所有制改革，通过实证研究方法发现，混改能够降低股东对资金的侵占程度，并有助于提高国企的创新效率，进而促进国企资产增值。其五，在现金股利分配方面，卢建词和姜广省（2018）以我国2003—2013年A股的国有上市企业为样本，探究混合所有制改革对企业现金股利分配的影响，结果表明，以股东类别多元化和股东股份多元化衡量的混合所有制程度越高，企业的现金股利分配意愿越强，且强度越大。其六，在企业的市场绩效方面，桑凌和李飞（2019）以云南白药混改为例，运用事件研究法探究混改能否提升企业的市场绩效，研究结论表明，投资者对混改的认可度较高，企业混改后投资者能够获得高于行业平均回报率的超额回报，从而证实了混改对企业市场绩效的正向促进效应。

另一类研究集中探讨混改对企业经济后果负向指标的抑制作用。张辉等（2016）运用双重差分模型分析混改对国企政策性负担的影响作用，结果表明，混改能够减轻国企的政策性负担，且这种减轻作用在东部地区和垄断行业更为显著。类似地，有学者以我国A股上市公司2000—2015年数据为样本，实证检验混改对企业风险水平的影响作用，结论显示，企业混改后的系统性风险和财务风险均会下降，且这种效应在国有控股企业中更为明显。此外，还有学者从宏观视角探讨混改的经济后果。莫龙炯和景维民（2018）从社会福利角度考察混改的经济后果，结果表明，我国目前的市场化程度较低，发展混合所有制改革有助于提高社会福利，进而对地区经济增长发挥正向促进效应。张涛等（2017）以我国规模以上工业企业为对象，分析混改企业的财务绩效与资源配置问题，该研究指出，企业实施混改能够改善财务绩效，同时也有助于增加就业人口，解决就业问题，增加财政税收收入。

2.2.2　国企混改经济后果的影响因素研究

从上述研究不难发现，诸多学者从不同角度选取经济后果类指标验证了国企混改的有效性，这为进一步探究国企混改经济后果的影响因素提供了现实意义。因此，针对国企混改经济后果的影响因素，学者们也进行了大量研究，且多从企业内部治理视角探究混改国企绩效的影响因素，包括股权结构、股东特征及决策权配置等方面。

1. 股权结构方面的影响因素

部分学者探索了混合所有制企业的最优股权结构，马连福等（2015）以我国

2001—2013年在上交所上市的竞争类国企为样本，探究混合所有制改革对企业绩效的影响，结果表明，在混改国企中，非国有股东的最优持股区间为30%~40%，在此区间内，非国有股权对国企绩效的提升作用最强。田昆儒和蒋勇（2015）以我国2003—2013年国有股参股或控股的上市公司为样本，运用面板门限回归方法求出混合所有制企业中国有股权比例的优化区间，对于国有股权参股、相对控股和绝对控股的混合所有制企业，优化区间分别是（5.01%，15.46%］、（32.16%，43.86%］和（74.56%，100.00%）。董梅生和洪功翔（2017）利用我国1998—2007年的混合所有制企业数据研究发现，国有股权比例对企业绩效的影响表现为倒U形关系，然而目前我国混合所有制企业中的国有股权比例仍处于较低水平，尚未达到最优区间。张蕊和蒋煦涵（2018）以我国1999—2007年国有独资企业为样本，运用实证检验的方法探究国有股权比例对工业增加值的影响关系，结果表明，实施混合所有制改革的国企的工业增加值更高；国有股权比例对工业增加值发挥倒U形影响作用，最优比例为46.6%；进一步地，该研究根据企业规模进行分类研究，指出在大型国企混改中，国有股权的最优比例为56.7%。从以上研究结论来看，混合所有制企业的最优股权结构不存在一个统一的最优值或最优区间，这是由不同研究中所选取的样本企业不同及采用的研究方法不同导致的差异，同时，有研究发现，混合所有制企业中的国有股权最优比例是一个动态变量，会受到政府目标、市场竞争程度、国有资本及引进的非国有资本效率等多方面因素的影响。殷军等（2016）的研究指出，国企在实施混合所有制过程中的最优混合比例与成本控制能力、产品差异化程度、行业内私有企业数目及生产负外部性对社会福利的减损幅度负相关。最优股权结构是对混合所有制企业股权结构绝对数的研究，也有学者从相对数的角度探讨了混合所有制企业的股权混合度。此外，还有学者从异质股东利益冲突角度讨论了混合所有制企业股权混合模式对绩效的影响，结果表明，国有股东与非国有股东的持股比例差距不宜过高，也不宜过低，异质股东之间适中的持股比例差距有助于缓解利益冲突，进而提升企业混改的效率。

2. 股东特征方面的影响因素

李向荣（2018）通过实证检验方法制衡股东身份特征对企业混改效应的影响，结果表明，与制衡股东身份为国有法人、投资基金相比，制衡股东身份为个体、私有法人、外资法人时对企业绩效的促进作用更显著。涂国前和刘峰（2010）以国有企业民营化为民营股东控股的上市企业为样本，探究制衡股东的股权性质对制衡效果的影响，结果表明，在国企民营化为民营股东控股的企业中，若国有股东作为制衡股东，则很可能被民营控股股东掏空；若民营股东作为制衡股东，则会降低民营控股股东掏空的可能性。

3. 决策权配置方面的影响因素

王京和罗福凯（2017）研究了决策权的不同配置方式下股权混合对企业技术创新影响作用的差异，当决策控制权与制定权合二为一，即董事长兼任总经理时，更有助于提升混合所有制对企业技术创新的促进作用。沿着公司治理结构，有学者探究了混改企业董事会和高层人员的来源结构对绩效的影响作用。刘运国等（2016）以我国2008—2015年国有上市企业为样本，运用实证研究方法检验非国有股东委派董事、监事、高管对混改国企内部控制质量的影响关系，结果表明，非国有股东委派董事、监事、高管有助于改善混改国企的内部控制质量，而非国有股东持股对混改国企内部控制质量的影响关系却不显著。曾诗韵等（2017）通过实证检验方法探讨了非国有股东持股与委派董事、监事、高管对混改国企会计信息质量的影响关系，结论显示，非国有股东持股比例与混改国企会计信息质量的关系不显著，非国有股东委派高管能够提升混改国企的会计信息质量。蔡贵龙等（2018）从非国有股东持股和委派高管两个维度探究非国有股东治理对混改国企高管薪酬业绩敏感性的影响作用，与刘运国等（2016）和曾诗韵等（2017）的研究结论类似，证实了非国有股东委派高管对国企高管薪酬业绩敏感性的改善作用，以及非国有股东持股对此作用不明显。至此，学者们对国企混改经济后果的影响因素研究已逐渐由股东层面深入董事会层面。这一认识的转变符合"股权多元化≠混合所有制改革"（郝阳 等，2017）的逻辑，突破了以往仅以股权结构代表治理结构作为国企混改绩效影响因素的局限，为学者后续深入研究混合所有制企业的董事会结构提供了理论基础。

2.3 混改国企中非国有股东的董事会权力与经济后果关系的文献综述

随着我国国企混改实践的不断深入，学术界对非国有股东参与国企治理的研究呈现出越来越浓的兴趣。在现有关于非国有股东参与混改国企治理的文献中，针对非国有股东权力，主要从股权结构和高层治理两个维度入手，通过非国有股权和非国有股东的董事会权力来刻画。同时，考虑到股权是董事会权力的配置基础，因此，本节首先综述非国有股权对混改国企经济后果的影响研究，在此基础上梳理非国有股东的董事会权力与企业经济后果关系的文献。

2.3.1 混改国企中非国有股权对经济后果的影响研究

在非国有股东参与国企治理中，持有股权是基础和前提。学术界基于股权结构从多方面探究了非国有股权对混改国企经济后果的影响研究，包括股权比例、股权混合度、股权集中度及股权制衡度等。在股权比例方面，上一小节已经梳理了现有文献分别针对国有股东的最优持股区间和非国有股东的最优持股区间，以及两者的持股比例差距的研究结论，此处不再赘述。

1. 股权混合度方面

多数学者的研究支持股权混合度有助于提高混改企业绩效的观点。从直接影响作用来看，朱磊等（2019）通过实证研究方法发现，混改企业股权混合度的提高能够降低股东对资金的侵占程度，并有助于提高国企的创新效率，进而促进国企资产增值。钱红光和刘岩（2019）以我国2011—2016年的央企上市公司为样本，探讨了混改企业股权结构对绩效的影响作用，结果表明，股权混合度的提高有助于提升企业绩效。从间接影响作用来看，杨志强等（2016）考察了混合所有制改革、对经理人员的股权激励及经理管理防御之间的内在联系，研究发现，在股权混合的制度安排下，股权激励对经理管理防御的抑制作用更加明显，且股权混合度越高，即非国有股权比例越大，这种抑制作用越强。刘新民等（2017a）考察了股权混合度在国企高管团队职能背景与双重任务之间的调节作用，研究表明，股权混合度对生产技术型和管理服务型高管团队与企业任务的关系分别发挥正向和负向调节作用，且这一调节作用仅在竞争性国企中存在，在垄断性国企中不存在。王京和罗福凯（2017）探讨了股权混合度在决策权配置与技术创新之间发挥的调节效应，以及在不同决策权配置方式下股权混合度对技术创新经济后果的影响，结果表明，股权混合度的提高有助于促进决策控制权与决策制定权分离对企业技术创新的积极作用；与决策权分离相比，在决策权合一的情况下，股权混合度对技术创新与企业价值之间的正向调节作用更大。刘新民等（2018）检验了股权混合度在董事社会网络与双重任务之间的调节作用，结果表明，股权混合度对企业家型董事社会网络和政府官员型董事社会网络的影响作用分别发挥正向和负向的调节效应，并通过对比这种调节效应在商业竞争类企业与特殊功能类企业之间的差异，更加肯定了股权混合度对商业竞争类企业的混改具有正向促进作用。但也有研究指出，股权混合度与混改企业绩效并非线性关系，而是存在倒 U 形关系。王新红等（2018）从高管团队构成特征角度考察股权混合度对混改企业绩效的影响路径，结果表明，股权混合度对混改企业绩效发挥 U 形影响关系，只有当股权混合度大于 60.19% 才会发挥促进作用，且这一影响关系是通过作用于高管团队特征实现的。然而，也有文献的研究结论显示，非国有股权和国有股权的混合度与企业绩效呈倒 U 形关系，且最优区间处于 30%~40%。此外，殷军等（2016）的研究指出，国企在实施混合所有制过程中的最优混合比例并不存在一个绝对数的最优值或最优区间，而是与成本控制能力、产品差异化程度、行业内私有企业数目及生产负外部性对社会福利的减损幅度负相关。

2. 股权集中度方面

以混合所有制企业为对象的研究大多支持股权集中度对企业绩效发挥倒 U 形影响作用的观点。王欣和韩宝山（2018）利用我国上市公司数据实证检验混合所有制企业股权结构对经营绩效的影响关系，研究发现，股权集中度与企绩效呈现倒 U 形影响关系，表明适中的股权集中度有助于提升企业绩效。类似地，有学者运用实证检验方法探究了股权结构对企业创新的影响作用，结果显示，股权集中度与企业创新绩效呈现倒 U 形关系。高明华和郭传孜（2019）以我国 2014—2017 年 A 股上市公司为样本，探究混合所有制对董事会有效性和企业绩效的影响作用，结果表明，股权集中度对董事会有效性发挥显著的负向影响作用，对企业绩效发挥倒 U 形影响作用。钱红光和刘岩（2019）以我国 2011—2016 年的央企上市公司为样本，探讨了混改企业股权结构对绩效的影响作用，结果表明，股权集中度对企业绩效发挥倒 U 形影响作用。除了探讨股权集中度对企业绩效的直接影响，也有学者研究了股权集中度通过调节效应发挥的间接影响作用，结果表明，股权集中度发挥显著的负向调节作用，即在混改国企中，国有股东的股权越集中，越不利于发挥研发投入对企业绩效的促进作用。

3. 股权制衡度方面

由于我国国企普遍存在"一股独大"现象，因此现有针对混合所有制企业股权制衡度的研究，大多支持股权制衡度与混改企业绩效正相关的观点。张铭慎和曾铮（2018）的研究结果显示，混合所有制企业中，国有股东与非国有股东之间的股权制衡度对企业技术效率的提升具有正向促进作用。有学者的研究探讨了混改国企股权结构对研发投入与企业绩效之间关系的调节效应，结果表明，股权制衡度发挥显著的正向调节作用，即在混改国企中，非国有股东对国有股东的制衡度越高，越有助于发挥研发投入对企业绩效的促进作用。在证实股权制衡对企业经济后果具有积极作用的基础上，也有学者考虑了其他外生条件对股权制衡效应的影响。马连福等（2015）的研究表明，混合主体制衡度与企业绩效呈现显著的正相关关系，进一步地，从不同的混合主体来看，外资股东在国有控股企业中发挥的制衡效应要优于民营股东。类似地，有学者的研究证实，在有外资股东制衡的情况下，能够降低混改国企的过度投资水平；而当仅有民营股东制衡的情况下，股权制衡度与混改国企的过度投资水平不存在显著相关关系。然而，刘新民等（2017b）的研究表明，外资股东对国有股东的股权制衡与企业经济绩效负相关，与企业社会责任正相关；个人股东及机构股东对国有股东的股权制衡均与企业经济绩效正相关，与企业社会责任负相关。此外，王欣和韩宝山（2018）利用我国上市公司数据实证检验混合所有制企业股权结构对经营绩效的影响关系，研究发现，大股东之间的股权制衡有助于提升企业绩效，且不同股权性质股东之间相互制衡对企业绩效的提升作用强于相同股权性质股东之间相互制衡的作用。刘诚达（2019）以我国 2011—2016 年竞争性国有上市公司为样本，在不同的企业规模下，探讨非国有大股东制衡度对混改国企绩效的影响作用，结果表明，非国有大股东制衡度能够显著地正向促进混改国企的绩效水平，但这种促进效应随着企业规模的扩大而逐渐减弱，究其原因在于，国企的规模越大，越容易受到政府的行政干预，不利于非国有股东发挥治理效应。另外，有学者考虑了股权制衡的滞后效应，并得出了与现有文献不一致的研究结论。高明华和郭传孜（2019）以我国 2014—2017 年 A 股上市公司为样本，探究混合所有制对董事会有效性和企业绩效的影响作用，结果表明，股权制衡度的当期效应与董事会有效性不存在显著关系，与企业绩效呈现负向影响关系；股权制衡度的滞后效应与董事会有效性和企业绩效均呈现为倒 U 形影响关系。

2.3.2 混改国企中非国有股东的董事会权力对经济后果的影响研究

随着学者们对混改企业治理结构研究的不断深入，在多角度、多方位地探讨了非国有股权对国企混改经济后果影响关系的基础上，非国有股东基于股权在董事会层面的权力配置逐渐引起学者们的关注，并对此进行了丰富的研究。目前来看，主要集中探讨非国有股东通过向混改国企委派董事而拥有董事会权力，并对董事会权力与股权的治理效应进行差异分析。

刘运国等（2016）从内部控制质量视角证实，非国有股东向国企委派董事，参与高层治理，有助于促进混改国企内部控制质量的提高，但非国有股东持股比例与混改国企的内部控制质量不存在显著相关关系。曾诗韵等（2017）从会计信息质量视角研究发现，若非国有股东仅以参股形式进入国企，则难以改善国企的会计信息质量，而非国有股东向国企委派高管才可促进国企会计信息质量的提高。蔡贵龙等（2018）从高管薪酬业绩敏感性角度入手，探究非国有股东参与国企治理方式的影响作用，结果表明，非国有股东单纯的持股并不能提高国企高管的薪酬业绩敏感性，只有当非国有股东向国企委派高管、参与经营决策，才有助于提高国企高管的薪酬业绩敏感性，并能够有效降低国企高管的超额薪酬和超额在职消费。张任之（2019）的研究关注国企高管腐败现象，证实非国有股东向国企委派董事并参与国企经营管理可有效抑制国企高管腐败，而仅参股则难以实现这一抑制作用。孙姝等（2019）以国有上市公司为样本探讨非国有股东治理对国企非效率投资行为的影响作用，结果表明，非国有股东委派高层人员对国企的非效率投资行为具有显著的抑制作用，但非国有股东持股难以发挥这一作用。吴秋生和独正元（2019）以我国 2013—2017 年国有上市企业为研究对象，从股权结构和高层治理结构两个维度探究混改对国企过度负债的影响关系，结果表明，与股权结构维度相比，高层治理维度的混改程度对国企过度负债的减弱效果更强。从非国有股东董事会权力与非国有股权对混改国企经济后果的影响研究来看，学者们一致认为前者的影响作用强于后者。在对比两者影响作用强度的同时，也有学者对两者之间内在的影响关系进行了探讨。谢海洋等（2018）基于一股一票的股东投票规则及股东与董事之间的委托代理关系，认为董事会席位安排受制于股权结构，从而证实非国有股东委派董事在股权制衡与企业绩效之间发挥中介作用。

基于非国有股东董事会权力与非国有股权对混改国企经济后果的差异性影响，学者们进行了更深层的研究。刘汉民等（2018）对比了股权结构和董事会结构对混改企业绩效的影响关系大小，结果表明，董事会结构对企业绩效的影响作用强于股权结构，从而证实了股权和控制权非对等配置的逻辑合理性。对比股权结构与董事会结构的差额部分，即可引出"超额委派董事"这一概念，其由郑志刚（2018）提出，是指股东通过委派更多非独立董事，形成董事会重大决策的实际影响力与其持股比例所反映的责任承担能力"分离"的董事会组织现象。在已有不多的关于超额委派董事的研究中，学者们主要针对的研究主体是处于权力强势一方的实际控制人或控股股东。郑志刚等（2019）研究了实际控制人超额委派董事对董事投票行为的影响，证实了实际控制人超额委派董事降低了董事投非赞成票的比例，并减弱了董事投非赞成票的治理效应。魏明海等（2013）及程敏英和魏明海（2013）的研究表明，控股股东最有可能通过显性或隐性关系股东以委派董事的形式获得超额权力，以达到隐蔽地提高控股股东控制力的目的，其中，超额委派董事就是超额权力的表现之一；同时他们的研究也证实，控股股东委派董事比例越大，控股股东的关联交易行为越严重。然而，鲜有研究关注非控股股东超额委派董事的治理后果，更鲜有文献结合国企混改背景探讨非国有股东超额委派董事对国企混改绩效的影响作用。

2.4 文献述评

结合本书研究内容，本章从董事会权力、国企混改经济后果及其影响因素、非国有股东的董事会权力对混改国企经济后果的影响关系研究这三方面回顾了已有研究成果，通过借鉴现有研究结论，总结研究不足，找出本书的研究空间。具体地，从以下四方面展开文献述评。

第一，针对董事会权力的研究，现有文献的关注重点已逐步由董事会内部的横向权力结构，转向董事会外部权力主体在董事会层面的纵向权力结构，并基于委托代理理论与资源依赖理论的双重理论视角阐述股东的董事会权力配置，这为本书对股东资源与治理结构双视角的选取奠定了理论基础。同时，股东的董事会权力相较于股权更接近企业经营管理，能够为探讨当前混改企业中异质股东的深层融合问题提供一个新的切入点，有助于促进混改国企治理结构完成从"混"到"改"的实质跨越。

第二，国企混改的经济后果方面，已有研究多从生产效率、投资效率、治理效率、创新效率、股利分配及市场绩效等方面验证我国国企混改的有效性，而在 2015 年颁布的《中共中央、国务院关于深化国有企业改革的指导意见》中，将国有资产保值增值作为商业一类国企混改的重点考核指标之一，却鲜有文献研究混改与国企资产保值增值的关系，导致学术研究难以对国企混改提升资产保值增值提供实践指导。因此，从国企资产保值增值角度考察国企混改的经济后果既有助于丰富国企混改的经济后果研究，也可加深理论研究对企业实践的指导意义。

第三，国企混改经济后果的影响因素方面，现有研究已逐渐由股东特征与股权结构层面深入董事会层面，这为本书从非国有股东的董事会权力角度深入研究混改国企的董事会结构提供了理论基础。本书进一步地以股东董事会权力与股权的非对等性为逻辑起点，从非国有股东超额委派董事角度探究混改国企的董事来源结构，并以资源依赖理论与委托代理理论为基础，基于股东资源与治理结构双视角分析非国有股东超额委派董事对国企资产保值增值的影响作用，不仅有助于深化国企董事会结构研究，同时也可为混改国企通过合理配置非国有股东的董事会权力进而提升资产保值增值提供新的理论思路。

第四，现有研究针对董事会层面因素与混改国企经济后果之间的关系，大多停留于直接影响关系，尚未剖析影响关系的内在机理与作用机制。鉴于此，本书在股东资源与治理结构双视角下，分别从资产运营效率与经理管理防御两方面探究非国有股东董事会权力对国企资产保值增值的影响路径，并进一步从国有股东控制度角度考察了非国有股东董事会权力对国企资产保值增值发挥影响作用的边界条件，有助于深化混改国企治理结构与经济后果之间的关系研究。

第3章 非国有股东的董事会权力影响混改国企资产保值增值的理论分析框架

基于上一章文献综述总结出的研究空间，本章构建非国有股东的董事会权力影响混改国企资产保值增值的理论分析框架。其一，从股东资源与治理结构双视角分析混改国企中非国有股东的董事会权力的来源，其中，股东资源视角下的分析是以非国有股东与国有股东的资源优势互补性为基础的；其二，从权力主体、权力来源、权力的实现形式及权力内容等方面分析非国有股东的董事会权力内涵；其三，基于非国有股东的董事会权力来源，探讨非国有股东的董事会权力与股权的非对等配置逻辑；其四，基于混改国企中非国有股东与国有股东的利益博弈，进一步分析非国有股东的董事会权力影响混改国企资产保值增值的内在机理；其五，通过梳理各部分理论分析之间的内在逻辑，构建概念模型，清晰呈现本书研究中所涉及概念间的逻辑关系。

3.1 非国有股东的董事会权力来源分析

在股东大会与董事会的委托代理关系下，董事会成员由股东大会通过投票选举产生，股东将决策管理权授予董事，董事接受股东的委托，执行股东大会的决议，对股东负责。可见，董事会权力来源于股东的委托，而董事会的权力结构则受到股权结构的影响。然而，相同的股权结构未必会产生相同的董事会结构，这是由于股东对董事会席位的争夺是一个动态博弈的过程，其中的博弈谈判空间则在于不同股东所投入企业资源的禀赋差异。已有研究从资源支持角度阐释了董事会权力的资源背景，并基于资源依赖理论指出，股权并非董事会权力的唯一来源，股东资源优势同样是董事会权力的重要影响因素。因此，本书也将股东资源作为分析混改国企中非国有股东董事会权力来源的理论视角。

本节从股东资源与治理结构双视角深入分析混改国企中非国有股东在董事会层面的权力来源，为进一步剖析非国有股东的董事会权力治理效应奠定基础。首先，从非国有资源与国有资源的优势互补性出发，分析国企混改的物质基础与前提；其次，以双方资源的互补优势与相互依赖为切入点，基于资源依赖理论，从股东资源视角分析混改国企中非国有股东的董事会权力来源；最后，在治理结构视角下分析混改国企中非国有股东的董事会权力来源，为后文深入探讨非国有股东的董事会权力对混改国企资产保值增值的影响机理奠定理论基础。

3.1.1 非国有股东与国有股东的资源优势互补性分析

资源基础理论（Resource-Based Theory）由沃纳费尔特（Wernerfelt，1984）正式提出，该理论强调了企业中异质资源的重要性。由于股权性质的差异，国有股东与非国有股东各自拥有的异质资源不同，且具有优势互补性，这是我国国企实施混改的物质基础与必要前提。因此，在本书探讨非国有股东的董事会权力对混改国企资产保值增值的影响作用中，基于资源基础理论分析非国有股东与国有股东的资源互补性，为进一步深入探讨混改国企的治理结构提供了新的理论视角。

1. 国有股东资源的优势

根据国务院国资委、财政部、证监会于2018年5月联合发布的《上市公司国有股权监督管理办法》，国有股东仅包括如下主体："（一）政府部门、机构、事业单位、境内国有独资或全资企业；（二）第一款中所述单位或企业独家持股比例超过50%，或合计持股比例超过50%，且其中之一为第一大股东的境内企业；（三）第二款中所述企业直接或间接持股的各级境内独资或全资企业。"因此，对混合所有制企业中国有股东的资源优势分析应该从国有企业入手。由于历史原因，我国的国有企业大多由国营企业改制而来，天然的政治关联使国有企业能够及时准确地跟踪政策动向，获取制度信息（王益民 等，2012），天生享受政策倾斜，拥有资源垄断优势。很多国有企业历经多次改制，积攒了扎实的品牌基础，建立了稳定的销售渠道，客户群体的覆盖范围广泛。相较于非国有企业，国有企业的融资渠道多、融资难度小、融资成本低。余汉等

(2017)的研究证实,国有股权参股能够为民营企业在制度层面发挥声誉担保作用,降低民营企业的融资成本,并可促进民营企业进入高壁垒行业,有助于民营企业获得更多的经济资源和发展空间。此外,由于预算软约束的存在,国有企业的外部融资约束要低于民营企业(朱红军 等,2006),国有企业在市场竞争比较激烈时不需要担心融资问题(陈胜蓝 等,2012),其现金持有水平对融资约束的敏感性较非国有企业更小(袁奋强 等,2018)。上述原因都造就了国有企业拥有雄厚的资金实力和资产规模,根据《中国统计年鉴(2018)》数据统计,2005—2017年,国有控股工业企业与私营工业企业的资产规模和企业数量分别如图3.1和图3.2所示。

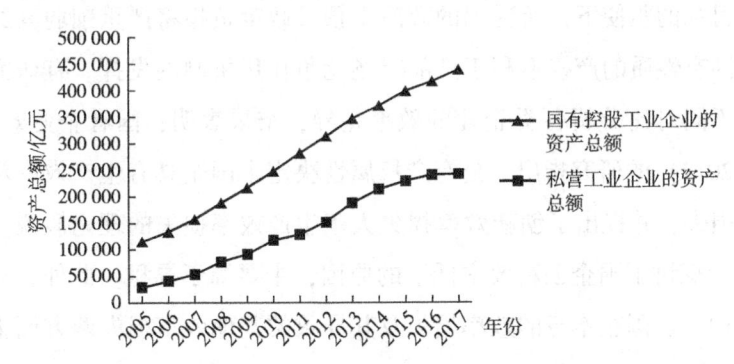

图3.1 国有控股工业企业与私营工业企业的资产规模

(数据来源:《中国统计年鉴(2018)》)

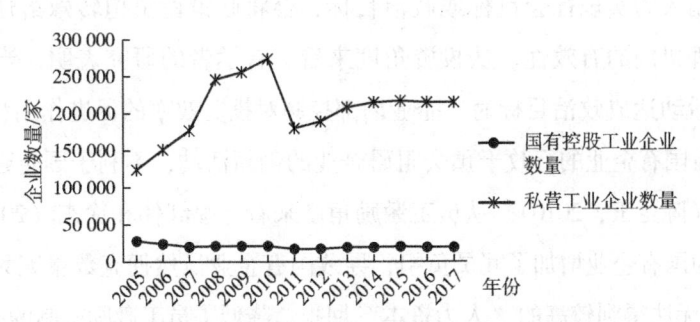

图3.2 国有控股工业企业与私营工业企业的数量

(数据来源:《中国统计年鉴(2018)》)

从图 3.1 和图 3.2 不难看出，尽管国有控股工业企业的数量远低于私营工业企业，但国有控股工业企业的资产规模显著高于私营工业企业，平均来看，国有控股工业企业的资产规模远高于私营工业企业，体现出国有企业在资源占有方面的优势。

2. 国有股东资源的劣势

邵传林（2011）通过对比分析资本主义与社会主义下国有企业的性质差异，指出在社会主义制度下，国有企业的所有权性质决定了国有企业在追求经济目标的同时还需要承担部分政治目标和社会目标。然而，国有企业在社会目标或政治目标的驱使下，所受到的政府干预及政策负担将严重削弱其经济目标的实现，国有性质的产权不利于产品市场竞争作用机制的发挥。有研究以所有制结构的不同对比分析各类企业的效率差异，结果表明，国有企业效率最低。吴延兵（2012）的研究指出，公有产权属性决定了国企具有生产效率和创新效率的双重损失，并提出了创新效率损失大于生产效率损失的理论假说。董晓庆等（2014）探讨了国企创新效率低下的原因，主要源于寻租。此外，刘瑞明和石磊（2010）从国企本身的效率损失及其导致的其他效率损失两方面重新认识国企的效率损失，并提出国企的效率损失会对整体经济增长产生"拖累"效应。

在国有企业的治理行为方面，从融资角度来看，有学者研究发现，国有企业终极控制人为实现社会目标或政治目标，会将政策性负担转嫁给债权人，降低债务治理机制的有效性。从投资角度来看，有学者的研究表明，当国有企业通过投资活动达成政治目标时，企业内部控制对投资效率的促进作用将减弱。同时，政府对国有企业的行政干预会阻碍企业的创新活动，不利于国企建立有效的创新机制（陈昆玉，2010）。从员工激励角度来看，廖红伟和徐杰（2019）指出，政府干预为国有企业增加了冗员负担，导致国有企业虽然拥有数量庞大的"人力资源"，但无法得到较高的"人力资本"回报，降低了员工激励机制的有效性。

在国有企业的治理结构层面，国有股"一股独大"现象明显，且对企业经营业绩具有负面影响作用（李汉军 等，2015）。同时，在我国国有企业"三会一层"的治理结构中，国有资产出资人与管理者相分离，导致"所有者缺位"

问题；董事长一般源于行政任命，且在位期间的企业业绩与其自身的行政职务晋升挂钩，导致国企经营偏离市场化法则；独立董事的监督作用微弱，通常被称为"花瓶董事"，导致董事"虚置"问题（鲍银胜，2010）。由此，国有企业的经理层在缺乏有效监督制约的情况下，极易形成"内部人控制"局面。出于自利动机，经理会利用超强控制权攫取个人私利，提高在职消费或利用职位之便谋取其他私人利益（白建军 等，2012c）。为巩固自身的职位，风险偏好型经理会通过过度投资构建"经理帝国"，提高企业经营对自身的依赖性（张海龙 等，2010a）；而保守型经理会遵循"不求有功，但求无过"原则，以不作为避免风险发生对自身职位的动摇（李秉祥 等，2014）。不论哪一种类型的经理人，巩固自身职位的防御动机都会降低企业投资效率，不利于国有资产保值增值。不难看出，国有企业在治理结构层面的诸多缺陷导致国有企业治理效率较低。

3. 国有股东资源的优势

非国有企业的概念源于非国有经济，在我国从计划经济向市场经济改革的转轨期，非国有经济不仅支撑着国家经济增长，而且改变着国有部门改革的条件和环境。从治理结构看，非国有企业的产权归属清晰，所有者监督到位，能够发挥有效的治理效应（马影 等，2019）。与国有企业不同的是，非国有企业不需要承担过多的政治责任，拥有灵活高效的决策机制，可更多地按照市场竞争环境作出经营决策，且具有灵敏的市场感知力，能够及时有效地应对市场变幻，有助于提高企业经营效率。

在企业创新方面，肖振红等（2019）的研究表明，战略性新兴产业中的非国有企业在从事研发项目时具有更强的自我激励，即使面临融资约束，也会注重对管理者的有效监督，使管理者合理分配现有资金，从长远角度对回收期长却具较大价值的研发项目进行投资，能够有效降低融资约束对研发投入的制约作用，有助于提升企业创新能力与投资效率（简建辉 等，2010）。

在激励机制方面，黎文靖等（2014）的研究发现，国有企业的高管外部薪酬差距与企业业绩不相关，但非国有企业的高管外部薪酬差距能够发挥激励效应，促进企业业绩提高。与国有企业相比，非国有企业中管理层薪酬激励对信息披露质量的影响作用更显著（王生年 等，2015），且非国有企业实施股权激励对企业创新的正向积极作用更强（谭洪涛 等，2016）。不论是企业治理结构因素，还是创新机制与激励机制，非国有企业的上述优势最终将体现在企业总体资产的报酬率上，资产报酬率越高，体现出非国有企业的资产利用效率越高。图 3.3 呈现了国有控股工业企业与私营工业企业 2005—2017 年的资产报酬率，不难发现，私营企业的资产报酬率始终高于国有企业，与上述理论的结果相吻合。

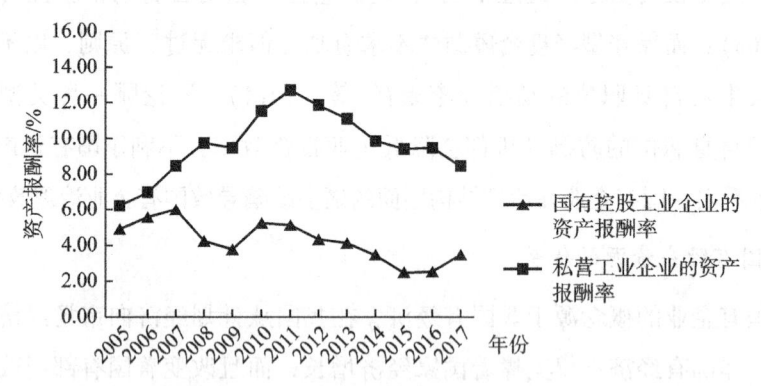

图 3.3　国有控股工业企业与私营工业企业的资产报酬率

（数据来源：《中国统计年鉴（2018）》）

4. 非国有股东资源的劣势

从图 3.1 和图 3.2 不难看出，与国有控股工业企业相比，私营工业企业的资产规模持续较低，整体表现出数量多、规模小的特征，反映出非国有企业在资源获取上的劣势地位。非国有企业通常遭到银行的惜贷政策，普遍面临"融资难""融资贵"的问题，导致非国有企业融资成本升高，而需要具有高质量的内部控制或通过积极承担社会责任，才有可能降低融资成本。这导致，与国有企业相比，非国有企业面临的外部融资约束更强（魏志华 等，2014）。同时，由于融资约束的影响，不仅非国有企业的投资效率下降（喻坤 等，2014），还会抑制非国有企业对外直接投资的可能性，不利于非国有企业在海外投资规模的扩张（王碧珺 等，2015）。此外，由于大多数非国有企业的根基较弱，难以形成完整、扎实的产业基础，其客户与市场资源可能仅局限于某一细分行业或某一特定区域,扩展市场的实力有限。加之由于行政限制的影响,非国有企业进入某些具有高回报率行业的壁垒较高甚至无法涉足,进一步地限制了非国有企业的发展。

根据上述分析,国有资源所具有的优势主要体现为品牌基础扎实、销售渠道广泛、客户群体稳定、融资渠道充足、融资成本低及资金实力雄厚等,可弥补非国有资源融资成本高、融资难度大及客户覆盖范围小等劣势;相应地,非国有资源的优势主要体现为产权归属明晰、决策效率高、市场感知力灵敏、经营效率高、创新意识较强及激励机制的有效性高等,可弥补国有资源产权归属不明确、管理体制僵化、内部人控制、经营效率低、缺乏创新意识及激励机制不健全等劣势,双方资源具有较高的优势互补性,图3.4清晰呈现了这一特征。同时,非国有资源与国有资源的优势互补性是国企实施混改的物质基础(李明敏 等,2019),通过发挥非国有资源与国有资源的协同互补效应,促进混改国企资产保值增值。

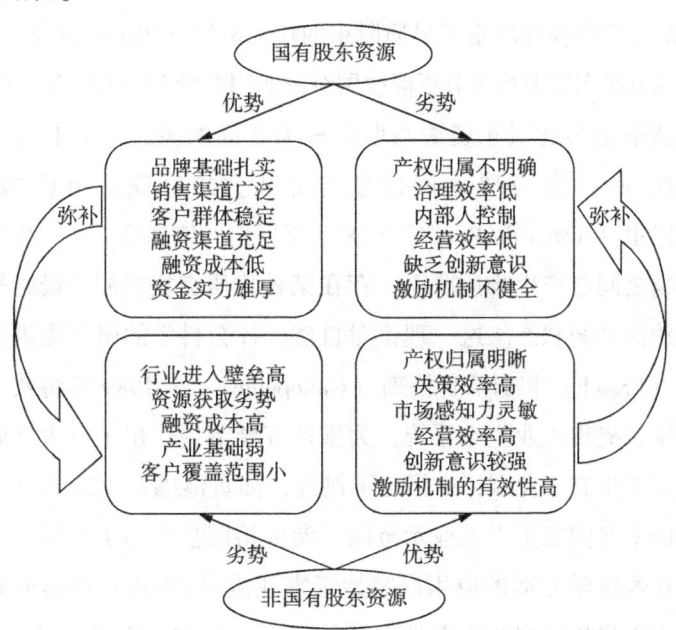

图3.4 非国有股东与国有股东的资源优势互补性

3.1.2 股东资源视角下非国有股东的董事会权力来源分析

根据上一小节的分析不难看出,混改国企中非国有股东与国有股东的资源优势互补,具有一定的相互依赖性。针对资源依赖与权力配置之间的关系,资源依赖理论(Resource-Dependency Theory)提供了理论基础。资源依赖理论强调组织体的生存需要从周围环境中吸取资源,需要与周围环境相互依存、相互作用才能达到目的。在该理论下,艾默生(Emerson,1962)阐述了"依赖—权力"的关系,形成"权力依赖观",认为权力配置取决于资源的相互依赖性,拥有重要资源的一方掌握权力。这一基于资源依赖的权力观被运用于组织内部权力配置,认为企业内股东权力配置内生于股东资源的相互依赖性(Rajan et al.,1998)。根据上一小节内容的分析,在混改国企中,非国有股东与国有股东各自拥有资源禀赋优势,且互为补充,即相互依赖。因此,混改国企中非国有股东与国有股东的权力配置是双方股东基于各自资源优势而博弈的结果,即异质股东资源之间的相互依赖性决定了异质股东的权力配置(Pfeffer et al.,1978)。鉴于此,本书选取股东资源视角分析混改国企中非国有股东的董事会股东权力来源。

为更加清晰地表述股东资源与股东权力之间的关系,本书引入共生理论(Symbiosis Theory)作为理论依据进行分析。共生理论由德国真菌学家安东·德·巴里(Anton de Bary)于1879年提出。该理论认为,生活在同一环境的不同生物之间会产生物质联系,存在某种物质交换机制,最终达到相互受益、相互制约的平衡状态。这一理论对自然、社会科学的研究提供了一个新视角。弗罗施(Frosch)和加洛普洛斯(Gallopoulos)于1989年将共生理论运用到工业生产中,提出工业生态系统,为推动资源节约作出了巨大贡献,许多国家都据此成立了生态工业园,中国也不例外,如贵港国家生态工业(制糖)示范园区、佛山南海国家生态工业示范园、湖南岳阳县生态工业园等。国内学者对共生理论在经济学方面的应用研究始于袁纯清(1998b)构建的共生理论分析框架,继而逐步扩展到产业集群(刘友金 等,2012;于斌斌 等,2014)、城市发展(曹玉姣 等,2015)、资本共生(夏楸 等,2014)、股东关系(杨松令 等,2009;杨松令 等,2016)等方面。其中,关于股东共生关系的研究主要集中于大股东与中小股东之间，尚未有文献研究不同股权性质股东之间的共生关系，而两者的区别仅在于对股东的分类依据不同。杨松令等（2009）指出，共生是不同类型股东之间的本源关系。可见，股东之间共生关系的存在源于股东的异质性，而不是异质性股东的分类依据。因此，混改国企中的非国有股东与国有股东之间也存在共生关系。鉴于此，本书基于图3.5的逻辑导图，运用共生理论分析混改中非国有资源与国有资源的共生效应，进而阐述股东资源视角下的非国有股东的董事会权力来源。

异质股东资源优势互补 → 异质股东相互依赖 → 异质股东权力

共生理论　　资源依赖理论

图3.5　股东资源与股东权力的联系

根据共生理论，构成共生关系的主体称为共生单元，对共生单元内在性质的反映称为质参量，即质参量是共生单元之间异质性特征的体现。共生单元之间质参量的相容性是共生关系存在的前提条件，具体是指共生单元之间是否相互联系、相互影响，反映这一特征的指标称为共生度。共生单元在相互作用的条件下可创造共生收益，即在共生单元发生共生关系前各自收益之和的基础上，还会产生剩余收益。共生收益作为共生效应的反映指标，在经济学应用中体现为企业经济绩效增加、规模扩大或经营范围扩张。由于国企混改的最终目标在于资本增值，因此，对混改国企中非国有资源与国有资源共生效应的分析就转化为两者共生后产出收益的分析。具体地，共生单元即参与改革的国有资源与非国有资源，构成了共生系统——混改国企。根据前文对国有资源与非国有资源的优劣势特征分析，国有资源的质参量包括国有资源的专有性优势，非国有资源的质参量包括非国有资源的专有性优势。根据上一小节对非国有资源与国有资源的优势互补性分析可知，两者共生（即参与混改）后，国有资源的质参量对非国有资源的产出具有正向促进作用，同样，非国有资源的质参量对国有资源的产出也具有正向促进作用。因此，两个共生度均大于零，两者正向共生，相互促进，具有协同效应。

为清晰表述国有资源与非国有资源的共生效应，假设 G 表示国有资源投入、M 表示非国有资源投入，E 表示总产出收益，E_G、E_M 分别表示共生前国有资源与非国有资源各自的产出收益，E_S 表示共生收益，即 $E=E_G+E_M+E_S$。借鉴柯布—道格拉斯生产函数的思想，基于生产要素投入及产出效率表示产出效益，类似地，国有资源与非国有资源共生后的产出效益为

$$Y = G^\alpha \cdot M^\beta \cdot \mu \tag{3.1}$$

式中：Y 代表产出效益；α 代表国有资源的产出弹性系数；β 代表非国有资源的产出弹性系数；μ 代表随机干扰项。

为便于分析，对式（3.1）左右两边同取自然对数：

$$\ln Y = \alpha \ln G + \beta \ln M + \mu \tag{3.2}$$

令 $E=\ln Y$，共生后总收益为

$$E = \alpha \ln G + \beta \ln M + \mu \tag{3.3}$$

类似地，分别表示国有资源与非国有资源共生前的收益函数：

$$E_G = \alpha_0 \ln G + \mu_G \tag{3.4}$$

$$E_M = \beta_0 \ln M + \mu_M \tag{3.5}$$

因此，共生收益为

$$E_S = (\alpha - \alpha_0)\ln G + (\beta - \beta_0)\ln M \tag{3.6}$$

根据前文对共生度的分析不难发现，两个共生度均大于零，即 $\alpha-\alpha_0>0$，$\beta-\beta_0>0$。其中，$(\alpha-\alpha_0)$ 表示国有资源与非国有资源共生（即参与混改）后，非国有资源的专有性优势资源对国有资源 G 产出弹性系数的促进作用，即国有资源对非国有资源的依赖性，亦即非国有股东的权力水平；同理，$(\beta-\beta_0)$ 表示国有资源的专有性优势资源对非国有资源 M 产出弹性系数的促进作用，即非国有资源对国有资源的依赖性，亦即国有股东的权力水平。

综上，在股东资源视角下，国企混改的实现路径是非国有股东向国企投入优势资源，并与国有股东建立相互依赖的互惠共生关系，其中，国有股东与非国有股东的相互依赖性决定着双方的话语权大小。根据现代企业制度，董事会作为企业治理结构的核心，股东话语权的主要实现途径是拥有董事会权力。因

此，在混改国企中，非国有股东的董事会权力取决于国有股东对非国有股东的依赖性，来源于非国有股东所拥有的资源优势。

3.1.3 治理结构视角下非国有股东的董事会权力来源分析

委托代理理论（Principal-Agent Theory）由美国经济学家伯勒（Berle）和米讷斯（Means）于1932年提出，倡导企业所有权和经营权分离。以该逻辑为起点，在现代企业治理中，形成了不同层次的多重委托代理关系。其中，董事会作为公司治理结构中的核心组织，在股东大会的委托授权下，拥有对公司经营的决策管理权。根据《中华人民共和国公司法》规定，董事会中董事长和副董事长由董事选举产生，董事成员由股东大会选举产生。特殊地，若是针对第一届董事，在有限责任公司中，董事由所有股东选举产生；在由发起人通过发起设立的股份有限公司中，董事由发起人选举；在通过募集方式成立的股份有限公司中，由创立大会选举出公司的董事。尽管上述几种情况下选举董事的主体不同，但均具有与股东大会相同的所有者性质，董事会均是基于委托代理关系形成的股东权力代理机构。董事选举完成后，董事在公司中的权利、义务、考评与任期等制度通过董事聘任合同确定。除选举董事外，股东大会也有权撤销或更换董事。可见，在治理结构视角下，董事接受股东的委托，负责执行股东决议，对股东负责。作为股东的代理人，董事参与经营决策的权力来源于股东授权，且股东所持股权比例高低也会影响股东在董事会拥有的权力大小。

然而，股权只反映了股东对企业投入的价值可量化的资产，未能体现价值不可量化的股东资源。"股东资源"这一概念由夏姆（Shum，2010）首次提出，是指股东所拥有并投入企业用以提升企业竞争优势与价值的所有要素，既包括财务资源，也包括社会资本、人力资本、技术资源等非财务资源，这一概念强调资源基础理论中"企业资源"背后的股东资源特征对企业的影响。财务资源在企业中的存在形式是股权；非财务资源不易量化，其价值判断具有主观性和不确定性，在企业治理结构中体现为除股权和基于股权所获权力之外的股东权力（李明敏 等，2020）。因此，尽管股权结构是企业控制权配置的基础，但将对股东权力来源的理论解释视角扩展至股东资源更具全面性（王斌 等，2015）。

综上，在资源依赖理论下，股东凭借投入企业的资源禀赋通过谈判博弈获得权力。针对非国有股东的董事会权力，一方面，在治理结构视角下，按照股东与董事的委托代理关系，董事由股东选举产生，即股东的董事会权力来源于股东所持股权，股权来源于股东投入企业的财务资源；另一方面，在股东资源视角下，作为战略投资者的非国有股东，除了对国企投入财务资源外，还具有战略投资行为，向国企投入非财务资源，并能够以其非财务资源优势增加非国有股东在董事席位谈判中的筹码，获得董事会权力。综上，可通过图3.6清晰呈现股东资源与治理结构双视角下非国有股东董事会权力来源的理论分析模型。

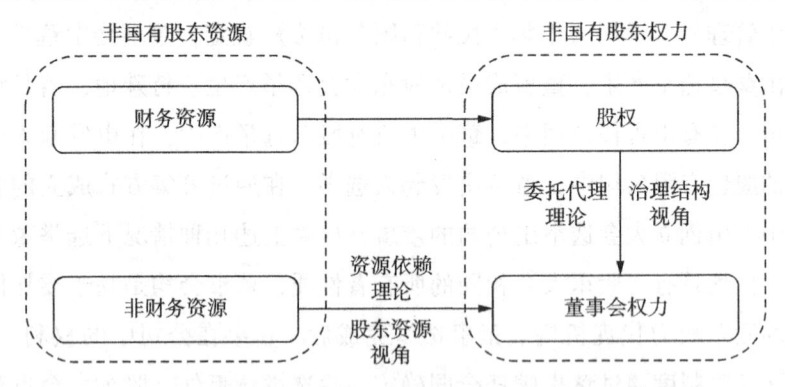

图3.6 非国有股东董事会权力来源的理论分析模型

3.2 非国有股东的董事会权力内涵分析

在本研究中，非国有股东的董事会权力指的是混改国企前十大股东中除机构投资者外的非国有股东基于自身资源禀赋优势，在董事会层面通过委派董事而拥有的决策权和监督权。结合前文双视角下非国有股东的董事会权力来源的理论分析，本节从以下几方面剖析非国有股东的董事会权力内涵。

(1) 权力主体。本书所探讨的董事会权力的权力主体是混改国企中的非国有股东，根据第1章的概念界定，非国有股东具体指的是混改国企前十大股东中除机构投资者外的非国有股东。

(2) 权力来源。尽管根据《中华人民共和国公司法》的规定，股权结构是董事会结构的重要决定因素，但并非唯一因素。因此，本书在上一节中选取股东资源与治理结构双视角分析了非国有股东的董事会权力来源,认为非国有股东的董事会权力来源于非国有股东自身的资源禀赋优势,其中包括价值可量化的财务资源及价值不可量化的非财务资源。

(3) 权力的实现形式。股东通过谈判博弈争夺董事席位,委派董事进入董事会参与企业经营决策,并能够获得关于企业经营的内部信息,从而有助于为股东决策提供有力依据,因此,非国有股东的董事会权力通过委派董事的形式来实现。

(4) 权力内容。非国有股东的董事会权力内容取决于董事会职能。众所周知,董事会的两大职能包括决策与监督。董事会的决策职能是指对公司重要生产经营活动相关事项的投票决策,包括经营计划、投资方案、利润分配方案、基本管理制度及经理层薪酬等各种需要通过董事会审议的事项。董事会的监督职能包括对经理的聘任、考核、薪酬制定及解聘等。因此,非国有股东的董事会权力内容包括非国有股东在混改国企董事会层面对董事会审议事项的决策权及对经理层的监督权。

3.3 非国有股东的董事会权力与股权的非对等配置逻辑

根据前文的理论分析,股东的董事会权力来源包括股权和由非财务资源优势产生的被依赖性或谈判力,因此,股东的董事会权力与所持股权之间存在非对等性,如图 3.7 所示,这一特征在混改国企的非国有股东权力结构中很明显。国企的资本体量较大,加之非国有股东的资金实力相对有限,导致非国有股东对国企的参股比例普遍较低,若仅根据股权比例分配董事名额,必然导致非国有股东在董事会中人微言轻,难以为非国有资源优势的发挥提供权力保障。因此,非国有股东基于其具备的非财务资源优势,如所掌握的信息优势和所具备的专业决策技能等,获得委派董事的超额席位,成为解决上述冲突的重要机制,从而有助于提高非国有资本参与国企混改的积极性。

超额委派董事是指股东通过委派更多非独立董事,形成董事会重大决策的实际影响力与其持股比例所反映的责任承担能力"分离"的董事会组织现象(郑志刚,2018)。如在中国联通 2017 年的混改方案中,非国有战略投资者腾讯信达、百度鹏寰、京东三弘、阿里创投各委派一名非独立董事进驻中国联通董事会，存在非国有股东"超额委派董事"现象，具体数据及计算过程见表3.1。在公司治理实践中，"超额委派董事"现象越来越普遍。理论上，非国有股东超额委派董事能够提高非国有股东在混改国企中的话语权，加强国企董事会内部的相互制衡，有助于提升国企治理效率。

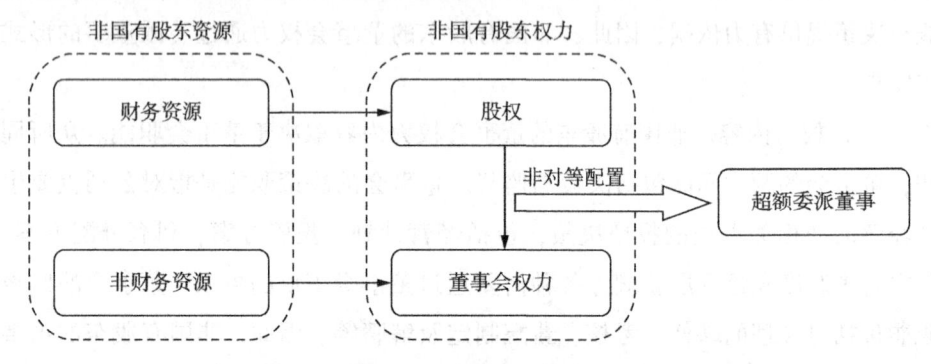

图 3.7　非国有股东的董事会权力与股权非对等配置

表 3.1　中国联通混改后非独立董事的来源结构

股东单位名称	股权性质	持股比例/%	所委派非独立董事的姓名
联通集团	国有	36.67	王晓初
联通集团	国有	36.67	陆益民
联通集团	国有	36.67	李福申
中国人寿	国有	10.22	尹兆君
腾讯集团	非国有	5.18	卢山
百度集团	非国有	3.30	李彦宏
京东集团	非国有	2.36	廖建文
阿里巴巴集团	非国有	2.04	胡晓明

注：在累积投票制下，根据本书第1章所述方法计算上述非国有股东委派非独立董事的理论值。腾讯集团：取整 [5.18%×(8+1)]=0；百度集团：取整 [3.30%×(8+1)]=0；京东集团：取整 [2.36%×(8+1)]=0；阿里巴巴集团：取整 [2.04%×(8+1)]=0。

无独有偶，刘汉民等（2018）论证了股权和控制权非对等配置的逻辑合理性，证实了董事会结构对企业绩效的影响作用比股权结构更大，侧面支持了股东董事会权力与股权非对等配置的逻辑。同时，在现有不多的超额委派董事相关研究中，主要针对的是控股股东及其关系（关联）股东。魏明海等（2013）及程敏英和魏明海（2013）的研究表明，控股股东的关系股东最有可能获得超额权力，这会隐蔽地提高控股股东的控制力，超额委派董事就是其中表现之一。此外，由高闯和关鑫（2008）提出的"双重控制链"假说认为，股东可通过股权和社会资本双重链条获得控制权，这与股权和控制权的非对等配置逻辑是相吻合的。王珏和祝继高（2015）基于股权资本和社会资本分析了股东权力的来源，并指出，在现代企业制度下，股权更多地代表收益权，而非控制权。张维迎（1996）的研究也指出，企业的控制权配置是参与者讨价还价的结果，而非仅由股权决定。实际上，股权和控制权是两种独立的工具，可以单独使用（Aghion et al.，1992），即控制权具有状态依存性（Hart，2001），受到企业内外部许多因素的影响，并非仅由股权决定。上述研究成果均为本书分析混改国企中非国有股东的董事会权力与股权的非对等配置逻辑提供了理论支持。

追溯非国有股东的董事会权力与股权非对等配置逻辑的理论基础，可基于阿吉翁等（Aghion et al.，1997）对企业控制权的分类来解释。他们将企业控制权分为名义控制权和实际控制权，名义控制权是指形式上由谁说了算，来自正式制度赋予的所有权；实际控制权是实际拥有的决策权力（赵西亮 等，2005）。由于股东将经营决策权委托给董事会，董事会对企业经营掌握的信息远比股东大会要充分，对企业经营决策拥有实际控制权。因此，股东持有的股权为名义控制权，股东在董事会拥有的权力才是能够真正影响企业决策的实际控制权。鉴于此，本书基于实际控制权与名义控制权的差异解释非国有股东的董事会权力与股权对混改国企资产保值增值不同的影响作用强度。

3.4 非国有股东的董事会权力发挥治理效应的博弈分析

上文基于股东资源视角分析得出，混改国企中非国有股东董事会权力来源于非国有股东所投入国企的资源优势，加之非国有资源与国有资源的优势互补性，根据李明敏等（2019）对混合所有制企业中资源异质股东共生关系形成机理的研究结论可知，在混改国企中，非国有股东与国有股东将基于异质资源的互补优势建立互惠共生关系。然而，对于混改国企来说，国有股东作为大股东，拥有企业实际控制权，有动机也有能力选择是否对其他股东进行利益侵占。对于这一观点，徐细雄（2012）指出大股东会为追求控制权的私利而对中小股东利益进行侵占行为。郑国坚等（2013）研究发现，当大股东控制权面临丧失的危机时会增加对中小股东利益侵占的概率。白云霞等（2013）以我国国有控制权转移的上市公司为样本，揭示了大股东利用负债侵占中小股东利益的行为。可见，大股东侵占行为会得到一部分额外的私有收益，但会破坏非国有股东与国有股东的共生关系，增加企业治理成本，导致企业实际的整体价值相对于共生关系下的整体价值有所减损。

对于混改国企中的非国有股东来说，本身具有参与国企混改后丧失话语权的担忧，与侵占其他股东利益相比，保全自身权益才是他们明智的选择，因此，非国有股东面临是否监督国有大股东的行为决策。如果混改企中的非国有股东选择通过监督国有大股东的行为来保护自身权益，势必需要承担监督成本。在非国有股东的收益比例较低的情况下，监督收益将无法弥补监督成本，这显然不经济。但如果非国有股东不监督国有大股东，尽管无须承担监督成本，但自身利益可能被国有大股东侵占。同时，若非国有股东选择不监督，将进一步助长国有大股东的利益侵占行为，导致非国有股东与国有股东之间的利益冲突恶化，不利于非国有股东与国有股东建立共生关系。

基于上述分析不难发现，在非国有股东与国有股东的共生关系中，非国有股东与国有股东存在一个明显的利益博弈，为进一步考察双方在共生治理过程中的策略选择，以深化后文对非国有股东的董事会权力影响混改国企资产保值增值的作用机理分析，本书尝试构建一个非国有股东与国有股东的博弈模型。由于博弈分析中涉及非国有股东与国有股东的收益分配，下文将首先确定双方的收益分配比例，而后基于该比例构建博弈模型。

3.4.1 股东资源视角下非国有股东与国有股东收益分配比例的确定

根据共生理论中的共生收益生成原理，共生收益是共生系统产生的新增收益，是由两个或多个共生单元通过资源共享、优势互补而共同创造的价值增值。

共生收益的创造是共生单元选择共生的内在驱动,而共生收益的分配则关系着共生系统的稳定性与可持续性(袁纯清,1998a)。因此,共生收益的分配应重视各个共生单元的资源对整体价值创造的重要性及贡献度,体现"多劳多得"的激励性原则。本书采用夏普利(Shapley)值模型表述混改国企中非国有股东与国有股东共生收益的分配原则,该模型的计算原理是根据不同个体对整体收益的贡献大小而分配收益。为使表述过程更加清晰,现作出如下假设:

在混改国企中,国有股东(G)和非国有股东(M)所具有的资源优势分别为 V_g、V_m;国有股东与非国有股东共生后所创造的总收益为 V_0,$V_0 > V_g + V_m$,即共生收益大于0。Shapley 值模型的计算过程见表3.2。

表3.2 国有股东 G 与非国有股东 M 的共生收益分配份额计算

S_G	G	$G \cup M$	S_M	M	$G \cup M$
$v(S_G)$	V_g	V_{gm}	$v(S_M)$	V_m	V_{gm}
$v(S_G/G)$	0	V_m	$v(S_M/M)$	0	V_g
$v(S_G) - v(S_G/G)$	V_g	$V_{gm} - V_m$	$v(S_M) - v(S_M/M)$	V_m	$V_{gm} - V_g$
$\lvert S_G \rvert$	1	2	$\lvert S_M \rvert$	1	2
$W(\lvert S_G \rvert)$	1/2	1/2	$W(\lvert S_M \rvert)$	1/2	1/2
$W(\lvert S_G \rvert)[v(S_G) - v(S_G/G)]$	$V_g/2$	$(V_{gm} - V_m)/2$	$W(\lvert S_M \rvert)[v(S_M) - v(S_M/M)]$	$V_m/2$	$(V_{gm} - V_g)/2$

现依据 Shapley 值模型解释表3.2中的公式:$v(S_G)$ 代表有国有股东 G 参与情况下的收益;$v(S_G/G)$ 代表在上一行的组合中除去国有股东 G 之后的收益;$v(S_G) - v(S_G/G)$ 代表国有股东 G 参与的增量收益;$\lvert S_G \rvert$ 代表参与股东的数量;$W(\lvert S_G \rvert)$ 为权重❶;$W(\lvert S_G \rvert)[v(S_G) - v(S_G/G)]$ 代表国有股东 G 应得的分配份额。

横向相加得出国有股东 G 的分配份额为

$$r_g = (V_0 + V_g - V_m)/2 \tag{3.7}$$

同理可得非国有股东 M 的分配份额为

---

❶ 计算公式为:$W(\lvert S \rvert) = \dfrac{(n - \lvert S \rvert)! \, (\lvert S \rvert - 1)!}{n!}$,$W(\lvert S_G \rvert) = \dfrac{(2-1)! \, (1-1)!}{2!} = \dfrac{1}{2}$

$$r_m = (V_0 - V_g + V_m)/2 \qquad (3.8)$$

式（3.7）和式（3.8）的计算结果代表国有股东 G 与非国有股东 M 在共生收益分配中的相对比，即国有股东 G 与非国有股东 M 按照 $r_g : r_m = (V_0+V_g-V_m) : (V_0-V_g+V_m)$ 的比例分享共生收益。因此，在股东资源视角下，由于混改国企中的非国有资源与国有资源具有互补优势，双方共生后产生共生收益，非国有股东与国有股东的收益分配依据是双方在企业价值创造中所投入的股东资源优势。

3.4.2 非国有股东与国有股东的博弈模型构建

在构建模型之前，需要一些基本假设：

（1）为简化分析，只选择拥有大宗股票、有能力参与企业决策的国有股东与非国有股东，暂不考虑机构投资者、外资股东及投资于二级市场的中小股东。将博弈方国有股东记为 G，非国有股东（代表民营资本、个体经济等非国有资本股东）记为 M。

（2）在博弈双方中，混改国企的国有股东为大股东，且拥有利用自身优势侵占非国有股东利益的动机与能力。双方都为"理性经济人"，追求自身利益最大化，且均属于风险"中性"。

（3）在国有股东实施侵占行为之前，国有股东与非国有股东之间的关系是共生关系，能够使企业资源形成"1+1>2"的协同效应，产生共生收益，总收益为 V_0。当国有股东实施侵占行为时（非国有股东的监督属于共生治理的必要行为，不属于不共生行为），国有股东与非国有股东的共生关系被破坏，产生负向效应，导致企业价值下降 V_1。但 V_1 小于 V_0（$V_0>V_1>0$），这是因为共生治理机制仅仅是混合所有制企业治理的影响因素之一，它的破坏可能会造成企业价值有所下降，但不至于导致总收益降到 0，因此 $V_0>V_1>0$ 是符合实际的。

（4）若国有股东存在侵占行为，非国有股东实施监督时就一定能察觉到对方的侵占行为，同时非国有股东需要支付监督成本 C，国有股东也会面临罚款，其处罚收益为 π_1，罚款作为非国有股东的监督收益 D。其中，$D>C>0$，因为非国有股东实施监督行为时，若不能使收益足够弥补成本，便会放弃监督，但这不仅会破坏混合所有制企业的共生治理机制，而且其与国有股东的利益博弈也会终结于此。若非国有股东选择不监督，国有股东将得到的侵占利益为 π_2。

（5）按照前文 Shapley 值模型对国有股东与非国有股东收益分配比例的推导结果，国有股东与非国有股东以 $r_g : r_m$ 分配收益，所以在共生治理下，他们所得到的收益分别为 $r_g V_0$、$r_m V_0$。若国有股东存在侵占行为，侵占行为导致企业整体价值下降，对双方受到的利益影响分别为 $r_g V_1$、$r_m V_1$。其中，$\pi_2 > r_g V_1$，即在非国有股东不监督的情况下，国有股东所获得的利益将大于企业价值下降所带来的利益减损，这也就是国有股东进行利益侵占的动机，否则国有股东将会"安于现状"，不会产生侵占行为，更不会形成与非国有股东的利益博弈过程。

（6）国有股东实施侵占行为的概率为 P_g，不侵占概率为 $1-P_g$；非国有股东选择监督的概率为 P_m，不监督的概率为 $1-P_m$。

由此构建国有股东与非国有股东之间的利益博弈收益矩阵，见表 3.3。

表 3.3 国有股东与非国有股东博弈的收益矩阵

		国有股东 G 侵占	国有股东 G 不侵占
非国有股东 M	监督	$D + r_m(V_0 - V_1) - C$，$r_g(V_0 - V_1) - \pi_1$	$r_m V_0 - C$，$r_g V_0$
非国有股东 M	不监督	$r_m(V_0 - V_1)$，$r_g(V_0 - V_1) + \pi_2$	$r_m V_0$，$r_g V_0$

3.4.3 非国有股东与国有股东的博弈模型分析

表 3.3 是双方博弈的收益矩阵，每组表达式的前一个都代表非国有股东收益，后一个都代表国有股东收益。不难看出，若非国有股东选择监督，且国有股东发生侵占行为时，被罚收益为 π_1，同时，企业的共生治理机制被破坏，导致价值下降 V_1，此时国有股东的收益为 $r_g(V_0 - V_1) - \pi_1$。非国有股东实施监督而获得监督收益 D，但需要支付成本 C，其收益为 $D + r_m(V_0 - V_1) - C$。此时，国有股东通过对比自己不侵占与侵占时的收益，$r_g V_0 > r_g(V_0 - V_1) - \pi_1$，不侵占时的收益更高，因此，国有股东将选择不侵占行为。此时，非国有股东的收益为 $r_m V_0 - C$。既然国有股东没有实施侵占行为，非国有股东便会放弃监督，节约监

督成本 C。因此，博弈策略进入下一个阶段，在国有股东不侵占、非国有股东不监督的情况下，双方收益分别为 $r_g V_0$、$r_m V_0$。但此时并未达到均衡，因为双方都是理性人，为了追求利益最大化，国有股东会再次选择侵占，此时他获得的收益 $r_g(V_0-V_1)+\pi_2 > r_g V_0$，同时，非国有股东的收益将从 $r_m V_0$ 降低至 $r_m(V_0-V_1)$，便会放弃这一决策，选择监督。至此，又回到最开始非国有股东监督且国有股东侵占时的收益 $D+r_m(V_0-V_1)-C$。如此看来，这是一场反复循环的博弈，不存在能让双方都接受的策略组合。

接着，针对给定非国有股东监督概率 P_m 和国有股东发生侵占概率 P_g 的条件，对模型进行进一步解释。当非国有股东监督概率 P_m 既定时，国有股东进行侵占或不侵占获得的期望收益分别为

$$E_{m1}(侵占) = P_m \times [r_g(V_0 - V_1) - \pi_1] + (1 - P_m) \times [r_g(V_0 - V_1) + \pi_2]$$
$$= \pi_2 - P_m \times (\pi_1 + \pi_2) \tag{3.9}$$

$$E_{m2}(不侵占) = P_m \times r_g V_0 + (1 - P_m) \times r_g V_0 = r_g V_0 \tag{3.10}$$

当国有股东进行侵占和不侵占的期望收益无差异时，即可得到国有股东在博弈均衡时非国有股东实施监督的最优概率 P_m。

令 $E_{m1} = E_{m2}$，即 $\pi_2 - P_m \times (\pi_1 + \pi_2) = r_g V_0$，得

$$P_m = \frac{\pi_2 - r_g V_0}{\pi_1 + \pi_2} \tag{3.11}$$

将式（3.7）代入式（3.11）得

$$P_m = \frac{\pi_2}{\pi_1 + \pi_2} - \frac{1}{2(\pi_1 + \pi_2)} \times (V_0 + V_g - V_m) \times V_0 \tag{3.12}$$

求 P_m 对 V_m 的偏导得

$$\frac{\partial P_m}{\partial V_m} = \frac{V_0}{2(\pi_1 + \pi_2)} > 0 \tag{3.13}$$

从博弈模型分析结果看，在混改国企中，非国有股东所投入的资源优势越强，非国有股东发挥治理效应的可能性越高，这可为后文进一步分析非国有股东的董事会权力影响国企资产保值增值的机理奠定理论基础。

结合股东资源视角下非国有股东的董事会权力来源分析，非国有股东投入混改国企的资源优势越强，非国有股东的董事会权力越大，越有利于非国有股东对国有股东发挥制衡效应。然而，对于非国有股东资源优势和非国有股东的董事会权力与混改国企资产保值增值之间的内在作用联系，还需要从理论上进行进一步剖析。下文对非国有股东的董事会权力影响混改国企资产保值增值的内在机理进行详细的理论分析。首先，基于股东资源视角阐述非国有股东资源在混改国企中的具体优势效用表现，分析资源禀赋效应下非国有股东的董事会权力对混改国企资产保值增值的作用路径；其次，基于治理结构视角阐述非国有股东董事会权力在混改国企股东大会层面、董事会层面及经理层面的作用表现，分析权力制衡效应下非国有股东的董事会权力对混改国企资产保值增值的作用路径；最后，从国有股东控制度的角度分析其对前两者关系的调节作用，以充实非国有股东的董事会权力影响混改国企资产保值增值的内在机理。

3.5 非国有股东的董事会权力影响混改国企资产保值增值的内在机理

基于前文对非国有股东的董事会权力来源、内涵及其与股权的非对等配置逻辑，以及发挥治理效应的博弈分析，本节进一步探析非国有股东的董事会权力影响混改国企资产保值增值的内在机理，具体包括作用路径及影响两者关系的外生调节因素。

綦好东等（2017）将国企混改的动力总结为两点：提高资本效率和改善公司治理。其中，混改国企资本效率的提高需要基于非国有资源与国有资源的优势互补性，发挥资源禀赋效应；混改国企治理结构的改善，需要发挥非国有股东对国有股东的权力制衡效应。本节首先基于股东资源视角，以前文对非国有股东董事会权力的来源分析为基础，以提高混改国企资本效率为目标，论述非国有股东的董事会权力影响混改国企资产保值增值的资源禀赋效应。

3.5.1 股东资源视角下非国有股东的董事会权力对混改国企资产保值增值的作用路径

根据前文对非国有资源与国有资源的优势互补性分析可看出，从资源禀赋角度来讲，非国有资源与国有资源具有较大的差异性，非国有资源随着非国有资本进入国企，在相应的治理机制下，能够发挥非国有资源与国有资源的协同互补效应，从而满足国企改革提高资本效率、促进国有资产保值增值的首要需求（綦好东 等，2017）。依据前文基于股东资源视角下非国有股东董事会权力的来源分析，在混改国企中，非国有股东拥有并投入国企的资源优势越强，在董事会席位的争夺中，非国有股东具备的谈判力越强，最终能够获得的董事会权力也就越大，即非国有股东董事会权力是非国有股东资源优势在治理结构中的权力表征。因此，非国有股东的董事会权力对混改国企资产保值增值的作用路径是基于资源禀赋效应实现的。

首先，非国有股东通过向国企委派董事而拥有董事会权力，这是一种战略性的人力资本投入，能够为国企分享非国有企业中高效的决策理念与灵活的管理经验，并可指导相关管理制度的建议与完善。非国有股东委派的董事人数越多，越有助于提高国企董事会的决策效率与决策质量，能够为国企董事会的决策机制创新分享灵活的管理思维和经验。

其次，非国有股东之所以能够拥有混改国企的董事会权力，是因为非国有资源具备一定的重要性和不可或缺性，具体体现为两方面。一方面，非国有股东能够提供国企所缺少的优势资源，弥补国有资源的劣势，如中国联通在2017年混改中引入百度集团，中国联通正在建设超宽带网络，但缺乏消耗宽带的应用，百度的人工智能技术能为中国联通提供宽带网络应用途径，且百度能够借力人工智能和平台实力帮助中国联通完成线下门店与加盟店的服务线上化与智能化。另一方面，引入非国有资源能够提高国有资源的产出效率，与国有优势资源产生协同效应。如云南白药，桑凌和李飞（2019）的研究指出，云南白药的第一大股东白药控股先后于2016年和2017年分别以45%和10%的高比例股权引入非国有战略投资者"新华都"和"江苏鱼跃",达到股权结构的多元化,从而间接实现了云南白药的混合所有。沈红波等(2019)在以云南白药为国企混改的案例分析中提出,白药控股在选择投资者过程中,考虑的主要因素是投资者对企业在产业资源上的支持能力,且在白药控股混改后的董事会成员来源结构中也可看出非国有资源的重要性,云南省国资委、新华都和江苏鱼跃获得的董事席位分别是2个、2个和1个。从云南白药的混改结果来看,新华都和江苏鱼跃的入股资金到位后,提高了白药控股的并购能力,加速了公司的战略转型。此外,云南白药混改前的实际控制人是云南省国资委,引入非国有战略投资者实现混改后变更为无实际控制人,这有助于企业缩减决策审批程序,提高决策效率;同时,在有非国有资本参与的治理结构下,对混改国企高管的聘任和考核等程序更加趋于市场化竞争原则,有利于提高混改国企激励机制的有效性并提升经营活力。

最后,有诸多学者的研究结论为上述理论分析提供了支撑与印证。郝阳和龚六堂(2017)的研究表明,股权结构的混合度有助于提高企业绩效,民营参股能够提高国企管理层的薪酬业绩敏感度和离职业绩敏感度,国有参股可缓解民企的税负和融资约束,国有和民营股东的资源互补发挥了混合所有制的制度优势。罗福凯等(2019)探讨了混合股权对企业研发投资的双重效应包括资源支持效应和股权治理效应,其中资源支持效应体现为异质资本投入后为企业带来的融资方式创新,有助于提高企业的融资能力,缓解融资约束;同时,国有企业的技术和政策优势与非国有企业的竞争和创新意识能够实现优势互补,可为企业研发行为提供资源和文化支持。

3.5.2 治理结构视角下非国有股东的董事会权力对混改国企资产保值增值的作用路径

国企混改的另一个重要动力是改善公司治理。在以往研究中,通常认为国企在公司治理中存在国有股"一股独大""所有者缺位""董事虚置"和经理层"内部人控制"等缺陷,不利于国企经营效率的提升,进而阻碍了国企资产保值增值。尽管国企经过 40 余年的改革后取得了巨大成就和长足发展，使得国企经营管理的市场化程度越来越高，但仍存在一些痼疾。因此，在新一轮全面深化改革背景下，我国的国企改革已进入攻坚克难的"深水区"，将重点克服国企治理结构中存在的顽固性缺陷。

根据前文对非国有资源与国有资源优势互补性的分析不难发现，由于利益诉求的不同，非国有企业与国有企业在管理体制与经营理念等方面存在很大差异，且非国有股东参与国企治理有助于缓解国企的治理缺陷。黄速建（2014）的研究指出，企业在通过引入非实际控制人实现混合所有制的过程中，必须赋予非实际控制人真正的话语权，才能提高非实际控制人参与企业混改的动力，并有能力参与混改企业的内部治理，从而真正发挥不同所有制资本的协同效应。这与郝阳和龚六堂（2017）的研究结论一致，混合所有制不等于简单的股权多元化，即混改企业对引入的战略投资者股东的权力配置不可仅赋予其股权。同时，在委托代理关系下，董事会作为公司的实际领导和决策机构（张双鹏 等，2019），在公司治理中发挥核心作用。股东大会的决议由董事会代为行使，委派董事是实现股东话语权的主要途径，在董事会中所占席位代表股东话语权强度。因此，本小节基于治理结构视角，以改善国企的公司治理为目标，论述非国有股东的董事会权力影响混改国企资产保值增值的权力制衡效应。

首先，在股东大会层面，非国有股东董事会权力是对非国有股权治理的有效补充。国企的资本体量较大，加之非国有股东的资金实力相对有限，导致非国有股东对国企的参股比例普遍较低，非国有股东通常在国企的股东大会中人微言轻。因此，若非国有股东仅以股权对抗国有股东，制衡力度将会很微弱，难以改善国企中国有股"一股独大"的治理缺陷，且仅参股的非国有股东对抗国有股东的动机并不会很强烈。这是由于仅参股的非国有股东难以参与国企内部治理，很可能属于财务投资行为，其参股的动机在于获取短期经济收益，而不关注国企的治理效率与长期发展。然而，若非国有股东通过委派董事参与国企治理，则表明该非国有股东的投资行为属于战略投资。出于资本逐利性，战略投资性质的非国有股东将有动力参与国企内部决策与监督，使国企的所有者实现"归位",缓解"所有者缺位"的治理不足。同时,董事会作为股东大会的代理机构,负责执行股东大会的决议,并具有聘任和考核经理层的权力,是公司治理结构中的纽带与桥梁。非国有股东通过委派董事参与国企治理,可以了解到国企经营管理层的信息,降低国有股东与非国有股东之间的信息不对称性,一方面,有利于提高非国有股东参与股东大会决策的积极性与话语权,缓解国有股"一股独大"的治理局面;另一方面,也能够防止国有大股东利用信息优势侵害其他股东的利益,有助于提高非国有股东的权益保护水平。

其次,在董事会层面,非国有股东董事会权力有助于提高国企董事会的决策效率与质量。在国企的治理结构中,股东通常是政府部门或政府部门下属的企业法人,由股东委派的董事,实际上通常并非熟知企业经营的管理人才,而是政府官员。他们不具备专业背景,难以为企业经营管理作出及时、正确的应对策略,而是依靠处在经营层的经理团队,因此形成了"董事虚置"现象。在国企实施混合所有制过程中,引入的非国有股东若能够委派董事,拥有董事会权力,则意味着非国有股东在国企董事会决策中具有话语权。通常情况下,非国有股东向混改国企委派的董事具备一定的专业实力,如在中国联通 2017 年混改方案中,腾讯、百度、京东和阿里巴巴分别委派卢山、李彦宏、廖建文和胡晓明作为非独立董事,其中,卢山是腾讯集团高级执行副总裁,兼技术工程事业群总裁,负责技术工程事业群的管理工作;李彦宏是百度公司创始人、董事长兼首席执行官,全面负责百度公司的战略规划和运营管理;廖建文是京东集团首席战略官,主要从事战略、创新和创业领域的跨学科研究、教学、咨询和实践;胡晓明是阿里巴巴集团资深副总裁兼阿里云总裁,专注于云计算领域的研究与发展。具备专业实力的非独立董事能够在董事会决策中提供专业意见,有助于提高国企董事会的决策质量。同时,非国有企业的所有者归属关系清晰,非国有股东的所有权意识较高,具有参与董事会决策的积极性与主动性,能够提高国企董事会的决策效率。此外,非国有股东拥有董事会权力能够在国企经营决策中更多地体现非国有股东的意愿,可为非国有资源优势的发挥提供权力保障,有助于充分利用非国有股东投入的优势资源,发挥优势作用,进而促进国企资产保值增值。

最后，在经理层面，非国有股东董事会权力能够缓解国企"内部人控制"现象，降低第一类代理成本。国企存在国有股"一股独大"但"所有者缺位"且"董事虚置"现象，导致对国企经营管理的实际控制权大多掌握在经理层手中。经理层拥有较大的控制权，然而来自董事会或监事会的监督约束力度较弱，经理层的权力空间被放大，加之经理的自利动机，容易形成经理层"内部人控制"的治理格局，加重第一类代理冲突。从上述分析不难发现，国企中经理层"内部人控制"的形成主要源于董事会的不作为，一方面是董事会对经理层的监督力度不足，使经理层的自利行为得不到约束与惩罚；另一方面是董事会对经营决策的参与度不高，较大程度地默认经理层的决策方案，无形中放大了经理层的权力，且经理层掌握绝对信息优势，极易导致经理层的机会主义行为。国企在实施混合所有制过程中，引入非国有股东参与治理，非国有股东委派董事进入国企董事会，确保了非国有股东在董事会层面的话语权，有助于恢复董事会应有的组织职能，改善国企"董事虚置"的现状，发挥董事会对经理层的监督作用。非国有股东董事会权力对国企经理层的监督包括两方面：一方面，在国企董事不作为的情况下，非国有股东通过委派董事对国企经理层的管理行为进行监督，并根据对经理层的业绩考核决定其任期；另一方面，当国企董事对经理层自利行为选择默认甚至合谋时，非国有股东委派董事能够对国有股东董事及经理层形成权力抗衡，可有效制约上述自利或合谋行为，降低由此产生的企业价值减损，从而有助于促进国企资产保值增值。

3.5.3 非国有股东的董事会权力影响混改国企资产保值增值的调节因素分析

从我国国企混改的具体实践来看，国企混改后国有股东仍然拥有部分控制权，在混改国企的治理结构中，国有股东控制度将对非国有股东治理产生不可忽视的影响。因此，本书探讨非国有股东的董事会权力对混改国企资产保值增值的作用机理，不得不考虑国有股东控制度在两者之间发挥的调节效应。

我国的国有上市企业大多由原有的国营企业改制而来，在当前我国经济转型转轨发展的背景下，政府对国企内部治理的行政干预依然存在，不利于国企的市场化运营,如政府行政部门向国企委派高管,官员在国企的任职经历及期间的业绩作为自身职位晋升的途径或资本,与市场化的职业经理人相比,官员对企业经营管理的专业性更低,不利于企业运营效率的提高。同时,国有股东具备天生的政治关联,能够享受政府垄断资源优势,如税收优惠、政府补贴及融资便利等。不难发现,国有股东控制度对国企治理的影响效应是双面的,一方面,国有股东的行政色彩浓重,容易导致国企治理效率下降;另一方面,国有股东享有得天独厚的政治资源,有助于企业获得垄断市场和超额利润。因此,在不同的国有股东控制度水平下,两种效应的强度与主次关系也会改变,这为本书从股东资源与治理结构双视角展开分析提供了现实依据。

在股东资源视角下,混合所有制企业中不同股权性质股东之间的控制权配置,是基于异质资源禀赋博弈的结果,非国有股东的董事会权力是非国有资源优势的体现,在国有股东控制的背后同样是国有资源的谈判力,国有资源与非国有资源发挥优势互补效应。在治理结构视角下,由于股权性质及利益诉求的差异,国有股东与非国有股东存在利益冲突,国有股东控制会对非国有股东治理产生制约效应。因此,在股东资源与治理结构双视角下,国有股东控制度一方面是国有资源优势的外在表征,与非国有股东的董事会权力发挥优势互补效应;另一方面也是与非国有股东相抗衡的治理力量,对非国有股东的董事会权力具有治理制约效应,即国有股东控制度在非国有股东的董事会权力与混改国企资产保值增值之间发挥双重调节作用。

3.6 非国有股东的董事会权力影响混改国企资产保值增值的理论模型

国企引入非国有资本参与治理实现混合所有制,随即出现在混改国企治理结构层面的一个问题是,国有股东与非国有股东的权力应当如何配置。在国企深化改革背景下,国企的新一轮混改要求实现国有资源与非国有资源的深层融合,因此,在混改国企中,对国有股东与非国有股东的权力混合配置不宜仅停留于股权层面,更应深入董事会权力层面。然而,针对股东的董事会权力应当如何配置等问题,尚需理论探索。

鉴于此，本书从非国有资源与国有资源的互补优势出发，指出非国有股东与国有股东在权力配置中均具有谈判力与话语权。基于资源依赖理论的观点，任何组织都无法摆脱对外界环境的资源依赖（Pfeffer et al., 1978），阐述了资源依赖与权力配置的关系，认为权力来源于资源的被依赖性。在国企混改中，国有资源与非国有资源相互依赖，双方的权力配置取决于双方资源的相对优势。因此，基于资源依赖理论和委托代理理论双重理论，本书选取了股东资源与治理结构双视角对非国有股东的董事会权力来源及治理效应进行分析。

在股东资源视角下，非国有股东的董事会权力是非国有股东资源优势的权力表征。由于非国有资源与国有资源具有优势互补性，非国有股东的董事会权力越大，代表非国有资源的优势越强，随着非国有资本参股国企，非国有资源能够在国企中发挥的资源禀赋效应越强。同时，非国有股东拥有董事会权力便可提高非国有股东对国企的资源支配权，能够为非国有资源发挥优势效用提供权力保障，有助于实现非国有资源与国有资源的互补协同效应，进而促进混改国企资产保值增值。

在治理结构视角下，股东大会将经营决策权委托给董事会，董事会保留决策权，进而将经营管理权委托给经理层。因此，股东在董事会层面拥有的权力来源于股东大会的授权。非国有股东的董事会权力能够形成对国有股东的制衡效应，有助于缓解国企的治理缺陷，包括国有股"一股独大""所有者缺位""董事虚置"及"内部人控制"等。非国有股东参股国企后，若仅持有股权，则难以拥有实际话语权，不利于非国有资本对国企治理效率的改善。若非国有股东通过向国企委派董事而获得董事会权力，则能够发挥权力制衡效应，对国有大股东形成有效的制衡，缓解国有大股东的低效治理，加快国企的经营机制趋于市场化，并促进混改国企资产保值增值。

虽然股权结构是企业控制权配置的基础，但股权结构并不是决定企业控制权配置的唯一因素（刘汉民 等，2018）。在现代企业所有权与经营权"两权分离"的制度背景下，身为所有者的股东很少直接参与企业的经营活动，与处于经营层的经理之间存在信息不对称，一方面可能造成股东制订战略计划存在偏差；另一方面也可能造成经理的机会主义行为，有损于企业价值。为此，股东会通过委派董事、组建董事会的形式对经理进行监督与考评，以董事会为纽带获取信息，降低股东与经理之间的信息不对称性。为了在董事会获得更大的发言权，股东之间会进行谈判博弈，而谈判的资本则是股东资源优势。因此，资源依赖理论能够作为传统委托代理理论解释股东权力配置依据的有益补充，且希尔曼等（Hillman et al.，2003）结合资源依赖理论与委托代理理论认为，董事会受股东大会的委托，向企业提供资源，帮助企业提高治理水平，进而优化战略选择和经营业绩。不难看出，资源依赖理论和委托代理理论已成为研究董事会治理的两大基础理论，为本书分析非国有股东董事会权力的治理效应提供了理论基础。同时，资源依赖理论视角的引入，导致非国有股东董事会权力来源的分析不再局限于非国有股权，两者体现出非对等配置的特征。国企的资本体量较大，加之非国有股东的资金实力相对有限，导致非国有股东对国企的参股比例普遍较低，若仅根据出资比例分配董事名额，必然导致非国有股东在董事会中人微言轻，难以为非国有资源优势的发挥提供权力保障。因此，非国有股东超额委派董事成为提高非国有资本参与国企混改积极性的重要机制。

国企混改后国有股东仍然拥有控制权，那么，国有股东控制度是否会影响非国有股东发挥治理效应，同样是值得关注的重点问题。在股东资源视角下，混合所有制企业中不同股权性质股东之间的控制权配置，是基于异质资源禀赋博弈的结果，非国有股东董事会权力是非国有资源优势的体现，在国有股东控制的背后同样是国有资源的谈判力。在治理结构视角下，由于股权性质及利益诉求的差异，国有股东与非国有股东存在利益冲突（李建标 等，2016），国有股东控制会对非国有股东治理产生制约效应。因此，在资源依赖理论与委托代理理论双重视角下，国有股东控制一方面是国有资源优势的外在表征，与非国有股东董事会权力发挥优势互补效应；另一方面也是与非国有股东相抗衡的治理力量，不利于非国有股东董事会权力发挥治理效应。总体来看，国有股东控制度对非国有股东的董事会权力的治理作用发挥双重调节效应。

根据上述理论分析，本书构建概念关系模型如图3.8所示。本书研究内容的主体部分是非国有股东的董事会权力对混改国企资产保值增值的影响作用，为深层次剖析作用过程，首先，以非国有资源与国有资源优势互补的现实依据，从股东资源与治理结构双视角分析了非国有股东的董事会权力来源。其次，基于非国有股东董事会权力与股权的非对等配置逻辑，对非国有股东超额委派董事现象进行探究，作为本书主体研究内容的细化与深入。再次，基于股东资源与治理结构双视角，分析非国有股东的董事会权力影响混改国企资产保值增值的作用路径，包括资源禀赋效应和权力制衡效应。最后，从国有股东控制度角度探讨非国有股东的董事会权力对混改国企资产保值增值的作用边界，基于股东资源与治理结构双视角分析国有股东控制度对两者关系发挥的双重调节效应。

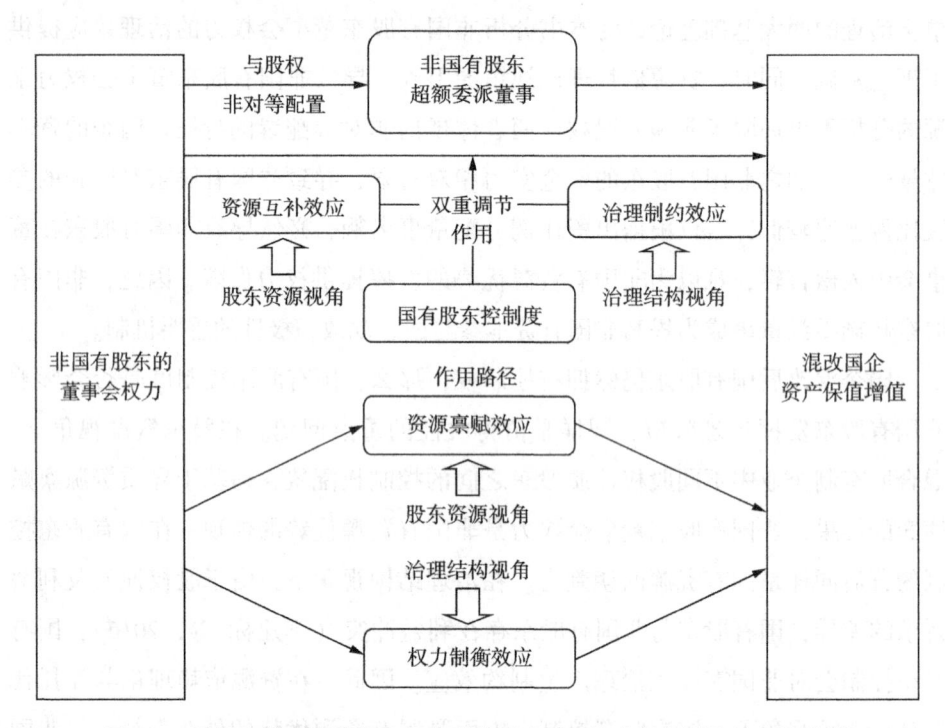

图 3.8 非国有股东的董事会权力影响混改国企资产保值增值的理论模型

第 4 章 非国有股东的董事会权力对混改国企资产保值增值的影响作用

根据第 3 章的理论分析，在股东资源视角下，非国有股东的董事会权力来源于非国有股东资源的优势；在治理结构视角下，非国有股东的董事会权力来源于非国有股东的授权；进一步地，基于两者的非对等配置逻辑，从非国有股东超额委派董事角度细化剖析董事会结构，有助于深化非国有股东的董事会权力对混改国企资产保值增值的影响作用分析。股东资源与治理结构双视角对非国有股东的董事会权力来源分析形成相互补充，因此，本章从股东资源和治理结构双视角分析非国有股东的董事会权力对混改国企资产保值增值的影响作用，研究内容如图 4.1 所示。

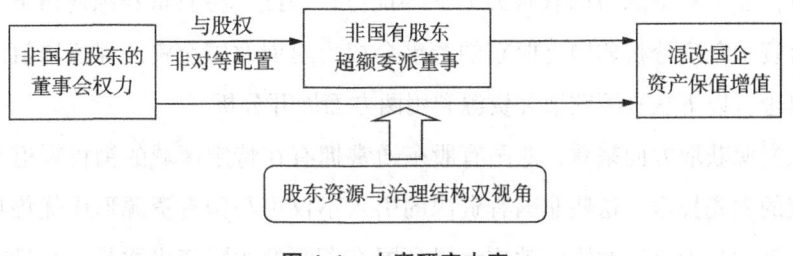

图 4.1 本章研究内容

4.1 假设提出

本节针对非国有股东的董事会权力与混改国企资产保值增值的关系进行理论分析，包括两者的直接关系，非国有股东的董事会权力和股权与混改国企资产保值增值的关系强度对比，以及在非国有股东的董事会权力与股权非对等配置逻辑下，非国有股东超额委派董事与混改国企资产保值增值的关系，后两种关系是对非国有股东的董事会权力与混改国企资产保值增值之间关系研究的细化与深化。

4.1.1 双视角下非国有股东的董事会权力对混改国企资产保值增值的影响

1. 股东资源视角下的分析

在股东资源视角下，对股东向企业的投入认识不再局限于股权背后的财务资源，还包括社会资本、人力资本、技术资源等非财务资源（Shum，2010）。根据资源依赖理论的权力观，权力产生于资源的被依赖性，股东投入企业的资源越重要，被依赖性越高，股东在谈判中具备的地位优势越强，股东所获得的权力就越大，也就是说，拥有重要资源的一方掌握着权力。在非国有股东的董事会权力背后，意味着非国有股东向国企投入了相对重要的优势资源。非国有股东的董事会权力是非国有资源禀赋在治理结构层面的外在表征，非国有股东的董事会权力越大，意味着非国有股东投入的资源数量越多且优势越强，越有助于发挥非国有资源与国有资源的互补优势。因此，在股东资源视角下，可从非国有资源角度分析非国有股东的董事会权力对混改国企资产保值增值的影响作用机理，以下从资源获取和资源利用两方面展开分析。

从资源获取方面来看，非国有股东通常拥有在特定区域的销售渠道及在特定领域的领先技术，这些非国有资源的引入不仅可与国有资源形成优势功能互补，发挥"1+1>2"的协同效应，提高国有资源的边际产出贡献，而且有利于促使国企可利用资源的规模增加，最终均可促进国企资产保值增值。如中国建材在收购海螺水泥前虽然拥有两条生产线，但海螺水泥当时拥有中国首条万吨生产线，海螺水泥的万吨生产线进入中国建材后，通过统一采购，整合营销，实现了技术升级；南方水泥、北方水泥及西南水泥的成立则是由于中国建材整合了民营企业在特定区域的市场优势，实施了战略收购，完成了中国建材在全国水泥市场的战略布局，曾已然资不抵债的中国建材跃升为世界水泥大王（晓甘，2014）。此外，陈建林（2015）探讨了家族所有权与非控股国有股权对公司绩效的交互影响效应，结果发现，两者存在互补效应，且在国企样本中，家族所有权和非控股国有股权的互补效应更加显著；并通过进一步研究发现，当家族所有权较低时，企业运营的制度环境更加偏向于现代企业制度，受控制性家族的影响作用较小，有助于发挥非国有资源与国有资源的优势互补效应，因此，此种情况下引入的非控股国有股权越大，公司绩效水平越高，这更加充分地证实了家族所有权与非控股国有股权的互补效应。

从资源利用方面来看，非国有股东通常具有灵活决策体制下的管理经验与理念，经营管理的灵活变通性较强，决策效率较高，对市场具有较为灵敏的触觉，随着非国有资本参股国企并参与治理，非国有股东也会向国企分享治理经验，有助于改善国企僵化的管理体制，并通过提升国企治理效率进而促进混改国企资产保值增值。如郝阳和龚六堂（2017）在探讨国有和民营参股股东对企业绩效的影响关系中发现，国有股东参股国企对企业绩效不存在显著的正向影响，但由于国企管理体制的市场化程度不高，民营股东参股后，国企僵化的管理体制可以在一定程度上得到缓解，能够促进管理层激励约束机制的有效性，提高国企的经理层薪酬业绩敏感度和离职业绩敏感度，从而有助于改善国企绩效，且这种影响效应在市场化程度较低的地区更为明显。

2. 治理结构视角下的分析

在治理结构视角下，非国有股东参与国企混改并委派董事后，不论在股权层面，还是董事会层面，均形成了非国有股权对国有股权抗衡的局面，能够改善国企以往"一股独大"的治理缺陷，且非国有股东通过委派董事参与国企经营决策并发挥监督作用，有助于缓解国企"所有者缺位""董事虚置"及"内部人控制"现象，能够提升国企内部治理效率，提高决策效率与经营效率，进而促进混改国企资产保值增值。有学者研究表明，参与国企混改的非国有股东参与国企治理，能够提高非国有股东对国有大股东的权力制衡度，缓解国有大股东对中小股东的利益侵占，降低第二类代理冲突。李建标等（2016）以实验研究方法探讨混合所有制企业中国有股东与非国有股东的行为博弈，指出不同股权性质股东之间相互抗衡制约。孙姝等（2019）从非效率投资视角研究发现,非国有股东能够通过向国企委派高层成员进而有效降低国企的非效率投资水平。同时,也有学者从多个大股东视角为上述观点提供了理论支撑。汪茜等(2017)探讨了多个大股东结构下第二大股东发挥制衡作用的动机,结果表明,第二大股东的持股比例越高,越有可能成为制约第一大股东获取控制权私利的重要主体。姜付秀等(2017)从融资约束视角研究了多个大股东的治理效应,发现非控股大股东能够通过监督控股大股东的掏空行为进而缓解企业的融资约束水平。

同时,由于国有股权"一股独大"且"监督缺位",非国有股东参与国企董事会治理,可加强股东对内部经理层的监督约束,缓解"内部人控制"的治理缺陷,降低第一类代理成本,提高国企经营效率,促进国企资产保值增值。刘运国等(2016)从内部控制质量视角证实,非国有股东向国企委派董事,参与高层治理,有助于促进国企内部控制质量的提高,且这种促进作用仅在竞争性国企和地方国企中有效。曾诗韵等(2017)从会计信息质量视角研究发现,若非国有股东仅以参股形式进入国企,则难以改善国企的会计信息质量,而非国有股东向国企委派高管才可促进国企会计信息质量的提高。蔡贵龙等(2018)从高管薪酬业绩敏感性角度入手,探究非国有股东参与国企治理的方式,结果表明,非国有股东单纯的持股并不能提高国企高管的薪酬业绩敏感性,只有当非国有股东向国企委派高管、参与经营决策,才有助于提高国企高管的薪酬业绩敏感性,并能够有效降低国企高管的超额薪酬和超额在职消费。张任之(2019)的研究关注国企高管腐败现象,证实非国有股东向国企委派董事并参与国企经营管理可有效抑制国企高管腐败,而仅参股则难以实现这一抑制作用。

此外,从控制权激励角度看,提高非国有股东的董事会权力,不仅能够为非国有股东在利益冲突时维护自身利益提供权力保障,提升非国有资本参与国企混改的积极性,同时也可为非国有股东提供相对充足的决策空间,提高非国有股东的资源支配权,有助于高效发挥非国有资源的优势,并调动非国有股东参与国企资产增值创造的主观能动性,促进国企资产保值增值。根据上述分析,在股东资源与治理结构双视角下,非国有股东的董事会权力混改对国企资产保值增值的影响关系均体现为正向促进作用。因此，本书提出以下假设：

H1：在其他条件一定的情况下，非国有股东的董事会权力与混改国企资产保值增值显著正相关。

4.1.2 双视角下非国有股东的董事会权力与非国有股权的作用强度对比

1. 股东资源视角下的分析

在股东资源视角下，基于资源依赖理论的权力观，股东拥有的控制权来源于所投入资源的禀赋优势，包括财务资源与非财务资源，其中，价值可量化的财务资源体现于股东所持股权，而基于非财务资源的权力体现则造成了股东控制权与股权的非对等配置。因此，在国企引入非国有资本实现混合所有制的过程中，若非国有股东并非仅作为财务投资者，而是还向国企投入了具有优势的非财务资源，如市场资源、技术资源、人力资源等，那么非国有股东则可在国企董事席位的争夺中具有谈判地位，能够以自身投入的资源优势为筹码，获得高于股权比例的董事席位占比，故此出现了非国有股东董事会权力与非国有股权非对等配置的现象（李明敏 等，2020）。非国有股东通过向国企投入财务资源而获得股权，从资源禀赋角度看，非国有财务资源的投入能够增强国企的资金实力，有助于国企实施对外扩张的并购战略（沈红波 等，2019），进而通过整合外部优势资源实现国企资产保值增值。与非国有股权代表的财务资源相比，非国有股东董事会权力则能够反映非国有股东向国企投入的财务资源与非财务资源的禀赋优势，且非国有股东的非财务资源优势对促进国企资产保值增值具有重要作用。如在中国联通2017年混改中，引入腾讯作为战略投资者，腾讯除了投入资金资本参股外，还与联通沃云和联通网络技术研究院签署战略合作协议，在政企云计算市场拓展、5G网络、物联网等方面合作，拓展云计算业务。这是由于腾讯云作为在云计算领域的优势企业，拥有优秀的互联网服务能力，在不同垂直行业均得到了重点客户的认同。正是由于腾讯能为中国联通的战略发展提供重要的非财务资源，腾讯才能在中国联通的董事会中占有一个席位，尽管腾讯的持股比例仅为 5.18%，若仅基于股东大会的持股比例投票选举，腾讯是无法获得董事席位的。因此，与代表财务资源的非国有股权相比，非国有股东的董事会权力能够反映非国有股东向国企投入的财务资源与非财务资源的禀赋优势，可更加充分发挥非国有资源与国有资源的优势互补效应，撬动国有资本的放大功能，在更大程度上促进混改国企资产保值增值。

2. 治理结构视角下的分析

在治理结构视角下，非国有股东的董事会权力使得非国有股东在董事会层面对国有股东具有制衡度，这一制衡度的效用高于股权制衡度，这是由于，相较于股东大会，董事会更接近于公司经营层，在董事会层面更高的制衡度更有利于改善决策质量，提高经营效率，促进国企资产保值增值。借鉴阿吉翁等（Aghion et al., 1997）对控制权在名义控制权（formal authority）与实际控制权（real authority）之间的划分，可将混改国企中非国有股东持有的股权视为名义控制权，将非国有股东的董事会权力视为实际控制权。在新一轮深化国企改革背景下，国企混改面临的是国企改革 40 余年尚未攻克的"硬骨头"，需要充分发挥不同所有制资本的协同互补效应，才能促进国有资产在当前攻坚克难背景下的保值增值。而这种协同互补效应的实现，需要非国有资本在国企中能够真正发挥治理效应，而不是仅停留于股权结构形式上的混合多元化。在治理结构视角下，要使非国有资本真正发挥治理效应，必须赋予非国有股东实际参与国企治理的权力。与非国有股权相比，非国有股东的董事会权力为非国有股东参与国企董事会决策提供了通道，一方面，能够通过参与国企的经营决策掌握到一般股东难以知晓的经营层信息，降低股东与经理之间的信息不对称性，为股东的战略选择提供更为充分的信息依据，并有助于监督约束经理层的有损于股东价值最大化的自利行为；另一方面，董事会掌握着对经理层的聘任考核权，非国有股东在国企董事会中拥有董事席位，能够代替非国有股东在经理层的聘任和考核中行使话语权，且由于国企的经理层很少由参与混改的非国有股东指派，所以降低了董事与经理之间合谋的可能性，有助于提高国企董事会对经理层的监督效率，进而减少经理自利行为对企业价值的侵占，以防国有资产流失。

此外，从股东资源利用角度看，非国有资源与国有资源的互补优势能否转化为企业绩效增长，取决于对资源的实际支配与利用。例如，普遍认为国有企业中国有股"一股独大"且"监督缺位"，导致"内部人控制"现象明显，尽管国有股东持有大比例股权，但拥有实际控制权的经理人将以自身利益获取为导向支配资源，会偏离股东利益最大化的目标，从而产生第一类代理成本。可见，具有互补性的非国有资源与国有资源最终能否真正发挥协同效应取决于实际控制权配置，而非名义控制权。根据上述分析，在股东资源与治理结构双视角下，非国有股东的董事会权力对混改国企资产保值增值的正向促进作用强于非国有股权。因此，本书提出以下假设：

H2：在其他条件一定的情况下，与非国有股权相比，非国有股东的董事会权力对混改国企资产保值增值的正向促进作用更强。

4.1.3 双视角下非国有股东的董事会权力与股权非对等配置对混改国企资产保值增值的影响

非国有股东的董事会权力与股权的非对等配置导致了非国有股东超额委派董事这一现象。郑志刚（2018）给出了超额委派董事的具体定义，为股东通过委派更多非独立董事，形成董事会重大决策的实际影响力与其持股比例所反映的责任承担能力"分离"的董事会组织现象。结合本书的研究内容，超额委派董事即股东的董事会权力超过所持股权。基于前文对非国有股东董事会权力与非国有股权对国企资产保值增值影响作用的差异分析，这一小节继续深入分析董事会结构，探究非国有股东超额委派董事与混改国企资产保值增值之间的关系，并提出研究假设。

1. 股东资源视角下的分析

在股东资源视角下，非国有资本和国有资本具有不同资源优势。异质股东资源的相互依赖性是不同所有制资本混合参股的基础前提（李明敏 等，2019），国企通过引入非国有资本实现混合所有制，可共享非国有资源，降低企业对外部资源的依赖性。根据资源依赖理论的"权力依赖观"，权力来源于由资源优势产生的被依赖性，即拥有重要资源的一方掌握权力。根据高闯和关鑫（2008）提出的"双重控制链"假说，股东可通过股权和社会资本双重链条获得控制权。因此，非国有股东超额委派董事代表着非国有股东向国企投入的资源所具有的优势地位超过了所持股权带来的谈判地位，也可以说，非国有股东超额委派董事意味着非国有股东向国企投入了价值难以量化的优势资源。通常认为，相较于国企，非国有企业的优势在于产权归属清晰，所有者到位，决策机制灵活且效率较高，市场感知力灵敏，在垂直领域拥有技术与产品优势。同时，已有研究证实，非国有股东参与国企治理后，能够增强国企管理层的薪酬和离职对业绩的敏感度（蔡贵龙 等，2018），提高国企内部治理效率（郝阳 等，2017）和决策效率，提升国企对市场的反应灵敏度，增强国企的市场竞争能力。因此，非国有股东超额委派董事能够以其资源禀赋优势实现对混改国企资产保值增值的促进作用。

2. 治理结构视角下的分析

在治理结构视角下，股东委派董事进入董事会，是股东对企业经营决策实施控制的重要方式。非国有股东超额委派董事意味着，与股权制衡相比，非国有股东在董事会层面对国有股东的制衡度更大，能够在国企混改后国有股东依然持有大比例股权的情况下，通过加强董事抗衡而获得话语权，缓解国企"一股独大""所有者监督缺位"及"董事虚置"等治理缺陷。一方面，祝继高等（2015）研究发现，在国有企业中，与独立董事相比，非控股股东委派非独立董事能够更好地监督大股东和管理层。非国有股东超额委派董事可保证非国有股东在董事会决策中对国有控股大股东具有抗衡力量，能够在经理层的选拔和聘任中获得话语权，既能够削弱大股东有损于企业价值的掏空行为或关联交易行为，缓解第二类代理冲突，也可加强对国企"内部人"的监督约束，减少经理层的自利行为，有助于降低股东与经理层之间的信息不对称，降低第一类代理冲突，提高经营效率，进而促进国企资产保值增值。另一方面，非国有股东具备高效的决策作风及灵活的管理理念，提高非国有股东在董事会的话语权有利于提高国企董事会的决策效率与决策质量，使董事会的经营决策能够更加及时、有效地应对市场变幻，从治理结构根源上为国企市场竞争能力的提升增添动力支持。提高非国有股东对企业资源的支配权，有助于非国有优势资源的高效利用，发挥对国企资产保值增值的促进效用。综合以上分析，在股东资源与治理结构双视角下，非国有股东超额委派董事能够促进混改国企资产保值增值。因此，本书提出以下假设：

H3：在其他条件一定的情况下，非国有股东超额委派董事与混改国企资产保值增值显著正相关。

根据上述理论分析构建本章内容的概念模型如图4.2所示。

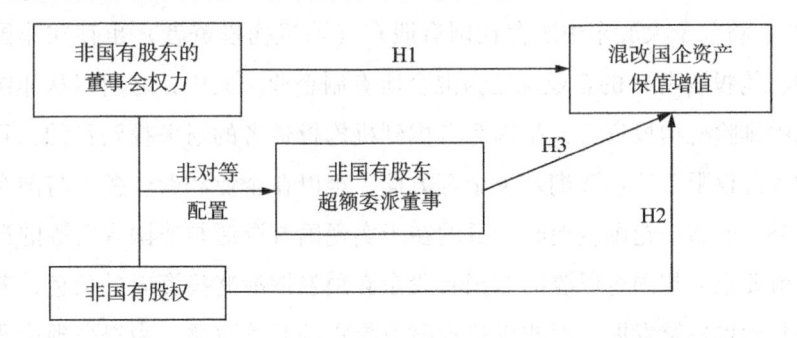

图4.2 非国有股东的董事会权力对混改国企资产保值增值直接影响的概念模型

4.2 实证研究设计

4.2.1 样本选取与数据来源

2015年颁布的《中共中央、国务院关于深化国有企业改革的指导意见》（以下简称《意见》）要求分类推进国有企业改革，根据国有资本的战略定位和发展目标，将国企分为商业类和公益类。其中，商业类包括主业处于充分竞争行业和领域的商业一类，以及主业处于关系国家安全、国民经济命脉的重要行业和关键领域、主要承担重大专项任务的商业二类，商业二类行业具有一定的自然垄断性。《意见》还要求实行分类改革、分类监管、分类考核，提高改革的针对性、监管的有效性、考核评价的科学性。本书研究对象选取竞争性行业的商业一类国企。借鉴陈冬华等（2005）、辛清泉和谭伟强（2009）及杨青等（2018）对竞争性行业与垄断型行业的划分，本书基于证监会发布的《上市公司行业分类指引（2012年修订）》选出的竞争性行业包括农林牧渔业、制造业（除石油加工、炼焦和核燃料加工业和铁路、船舶、航空航天和其他运输设备制造业）、建筑业、批发和零售业、住宿和餐饮业、信息传输、软件和信息技术服务业、房地产业、租赁和商务服务业。

  本书的研究样本是国有性质的混合所有制企业，具体筛选方法如下。首先，依据CSMAR数据库中上市公司的"股权性质"字段，筛选出上述竞争性行业的国有企业。其次，通过手动查找所选国企财务报告中"股东情况表"的"股权性质"，将前十大股东中既存在国有股东（除机构投资者）也存在非国有股东（除机构投资者）的企业确定为混合所有制企业。其中，之所以从非国有法人股东中排除机构投资者，是因为考虑到机构投资者的财务投资目的，且能够提供的资源仅限于信息咨询及资金等方面，难以在企业经营业务上与国企形成优势互补，而新一轮国企混改的目的在于实现国有资源与非国有资源的深度融合，这就要求参与国企混改的非国有股东必须发挥战略投资者的角色，着眼于企业的长远可持续发展，而非仅追求财务投资的经济收益。为提高理论研究与国企混改实践的贴合程度，增强研究结论的理论指导意义，本书在非国有法人股东中剔除了机构投资者，而将机构投资者持股作为控制变量加入实证模型中。最后，由于本书的研究对象是由国有股东与非国有股东共同治理的混合所有制企业，而在股权分置的制度安排下国有股东与非国有股东的权利不对等，难以发挥共同治理效应，故剔除未完成股改的企业。截至2007年年底，我国上市公司股权分置改革已基本完成，故选取样本企业2008—2017年的截面数据。为避免异常数据对研究结论的影响，剔除ST、*ST、PT企业，最终所选样本量为2510家。

  在研究变量中，非国有股东董事会权力通过非国有股东委派董事来衡量，其中，所委派的董事为非独立董事。非国有股东委派董事人数的计算通过手工比照CSMAR数据库中"十大股东文件"和"高管个人资料文件"完成。具体判断方法是，逐个查阅非独立董事的个人简历，若曾经或现在就职于非国有股东单位或其所控制的单位，则将该非独立董事认定为非国有股东委派的董事；其余变量数据来源于CSMAR数据库。数据处理与分析采用SPSS21.0和

Stata12.0。为避免异常值对实证结果的影响,在进行实证分析前,对主要连续变量在1%水平上进行了 Winsorize 缩尾处理。为了避免公司个体的聚类效应对回归系数标准误的影响,本书进行了公司层面的 cluster 处理。

4.2.2 变量定义

1. 被解释变量:混改国企资产保值增值(APVA)

对国企资产保值增值的测度,以《国有资产保值增值考核试行办法》中规定的国有资产保值增值测度指标,即国有资产保值增值率(期末所有者权益/期初所有者权益×100%)为基础,排除投资活动、筹资活动和利润分配对所有者权益变动的影响,结合物价变动因素(祁怀锦 等,2018)和经济附加值(EVA)思想(李小平,2005;郭檬楠 等,2019),在计算中考虑物价指数变动和权益资本成本。基于此,本研究通过式(4.1)来衡量国企资产保值增值:

$$APVA_{i,t} = \frac{IOE_{i,t} + EVA_{i,t}}{IOE_{i,t}} \times 100\% - PIR_{i,t} \qquad (4.1)$$

式中:$APVA_{i,t}$代表混改国企资产保值增值;$IOE_{i,t}$代表期初所有者权益;$PIR_{i,t}$代表物价指数变动率;$EVA_{i,t}$代表经济增加值,计算方法如下:

经济增加值 = 税后净营业利润 − 资本总额 × 加权平均资本成本 (4.2)

式(4.2)中的各变量计算方法如下:

税后净营业利润=净利润+(利息支出+研究开发费用调整项)×

(1−企业所得税税率[1]) (4.3)

资本总额=平均所有者权益+平均负债−平均无息流动负债−平均在建工程

(4.4)

加权平均资本成本=股权资本成本率×股权占总资本比例+债务资本成本率×

(1−企业所得税税率)×债务占总资本的比例 (4.5)

---

[1] 新企业所得税法及其实施条例于2008年1月1日起施行,因此,2008年之前的企业所得税税率为33%,2008年及之后的企业所得税税率为25%。

式（4.4）中的平均无息流动负债为

平均无息流动负债=应付票据+应交税费+应付账款+预收账款+应付职工薪酬+
$$应付利息+应付股利+其他应付款+其他流动负债 \quad (4.6)$$

式（4.5）中的股权资本成本率和债务资本成本率分别如下：

$$股权资本成本率=无风险利率+风险因子×市场风险溢价 \quad (4.7)$$

无风险利率使用银行一年期存款利率；风险因子使用沪深市场股票250交易日流通市值加权的BETA值；考虑到中国股票市场波动率过大的特点，计算时市场风险溢价使用4%。债务资本成本率使用一年期银行贷款利率。

根据邹毅（2016）的分析，随着我国的经济发展与产业结构的调整，第二产业在国民经济体系中的地位已经超过第一产业，与CPI（Consumer Price Index，居民消费价格指数）相比，PPI（Producer Price Index，生产者物价指数，即工业品出厂价格指数）更适用于反映现阶段我国的总体物价水平，故采用PPI代替物价指数。

2. 解释变量：非国有股东的董事会权力（ND）

现有文献对"董事会权力"的研究大多集中于探讨董事会内部的权力配置结构（范建红 等，2015；曲亮 等，2016；李长娥 等，2017），本书借鉴逯东等（2019）对非实际控制人的董事会权力衡量方法，将"董事会权力"诠释为某主体参与董事会决策的权力，即董事席位占比。本书采用虚拟变量与连续变量两种方式衡量非国有股东委派董事，具体分别为非国有股东是否委派董事（WND）和非国有股东委派董事比例（RND）：

若非国有股东委派董事人数不为零，WND=1；否则，WND=0。

$$RND=非国有股东委派董事席位数/非独立董事总席位数 \quad (4.8)$$

3. 解释变量：非国有股权（RNE）

鉴于重要性和数据可获得性原则，本研究对非国有股东的筛查仅限于公司前十大股东。因此，以前十大股东中非国有股东（除机构投资者）的持股比例之和来衡量非国有股权。

4. 解释变量：非国有股东超额委派董事（NOD）

本书采用虚拟变量与连续变量两种方式衡量非国有股东超额委派董事，具体分别为非国有股东是否超额委派董事（WNOD）和非国有股东超额委派董事比例（RNOD）：

若非国有股东委派董事席位数大于非国有股东可得董事席位数，WNOD=1；否则，WNOD=0。

RNOD=（非国有股东委派董事席位数−非国有股东可得董事席位数）/
$$\text{非独立董事总席位数} \tag{4.9}$$

其中，可得董事席位数的计算是基于股东选举董事的累积投票制。针对股东选举董事的投票机制，在《中华人民共和国公司法》2005年修正前，实行直接投票制。直接投票制下，小股东难以选出一个代表自己利益的董事，不利于小股东的权益保护。我国证监会2002年出台的《上市公司治理准则》要求控股股东持股比例超过30%的上市公司采用累积投票制，但这一准则并未对控股股东持股比例低于30%的上市公司采用累积投票制作出强制规定。2005年修正的《中华人民共和国公司法》第一百零五条规定，股东大会选举董事、监事，可以依照公司章程的规定或者股东大会的决议，实行累积投票制。至此，股东选举董事的累积投票制得以全面实施。在累积投票制下，理论上股东可得董事席位数的计算公式如下：

$$y = \frac{r \times S \times (A+1)}{S + 1/A + 1} \tag{4.10}$$

式中：对 y 取整，为股东在理论上的可得董事席位数；r 代表股东的持股比例；S 代表上市公司的总股份数；A 代表上市公司董事的总席位数，由于本书以股东委派的非独立董事代表股东的董事会权力，故此处的 A 代表上市公司非独立董事的总席位数。

当总股份数 S 很大时，式（4.10）可简化为

$$y = r \times (A+1) \tag{4.11}$$

由于本书选取的样本均为上市公司，总股份数很大，因此采用简化后的式（4.11）计算股东在理论上的可得董事席位数。

5. 控制变量

本书选取资产规模（Size）、资产负债率（Debt）、成长性（Growth）、行业（Industry）、年份（Year）作为控制变量，以控制除治理结构外其他因素对国企资产保值增值的影响。同时，治理结构是一个较为宽泛的范畴，本研究重点关注非国有股东委派董事，因此选取董事会规模（Director）和独董比例（Indirector）控制董事会结构的影响，选取机构投资者持股比例（Inst）控制股权结构的影响。控制变量的定义见表 4.1。

表 4.1 控制变量定义

变量名称	变量符号	变量度量
资产规模	Size	总资产的自然对数
资产负债率	Debt	负债总额/资产总额
成长性	Growth	主营业务收入增长率
董事会规模	Director	董事会总人数
独董比例	Indirector	独立董事人数/董事会总人数
机构投资者持股比例/%	Inst	机构投资者持股/总股数×100
年份	Year	虚拟变量。本研究样本的年份区间为 2008—2017 年
行业	Industry	虚拟变量。根据证监会公布《上市公司行业分类指引（2012 年修订）》中的行业门类代码进行赋值，并据此对 2012 年以前的样本行业分类代码重新赋值，本研究样本共覆盖 26 个行业门类

4.2.3 实证模型构建

1. 非国有股东的董事会权力对混改国企资产保值增值影响的检验模型

为检验假设 1，本书构建多元回归模型［式（4.12）］检验非国有股东的董事会权力对混改国企资产保值增值的影响作用。

$$APVA_{i,t} = \alpha_0 + \alpha_1 ND_{i,t} + \alpha_2 Size_{i,t} + \alpha_3 Debt_{i,t} + \alpha_4 Growth_{i,t} + \alpha_5 Director_{i,t} +$$
$$\alpha_6 Indirector_{i,t} + \alpha_7 Inst_{i,t} + \sum Year + \sum Industry + \varepsilon_{i,t} \quad (4.12)$$

式中：非国有股东的董事会权力（ND）代表非国有股东是否委派董事（WND）和非国有股东委派董事比例（RND）。

在上述模型［式（4.12）］中，若系数 α_1 显著为正，则代表非国有股东的董事会权力正向促进混改国企资产保值增值，假设1得证。

2. 非国有股东的董事会权力与股权对混改国企资产保值增值差异性影响的检验模型

为检验假设2，本书构建多元回归模型［式（4.13）］检验非国有股东的董事会权力与股权对混改国企资产保值增值影响作用强度的差异性。

$$APVA_{i,t} = \beta_0 + \beta_1 RND_{i,t} + \beta_2 RNE_{i,t} + \beta_3 Size_{i,t} + \beta_4 Debt_{i,t} + \beta_5 Growth_{i,t} +$$
$$\beta_6 Director_{i,t} + \beta_7 Indirector_{i,t} + \beta_8 Inst_{i,t} + \sum Year + \sum Industry + \varepsilon_{i,t}$$
$$(4.13)$$

在上述模型［式（4.13）］中，若系数 β_1 显著为正且大于 β_2，则代表非国有股东董事会权力对混改国企资产保值增值的正向影响作用强于非国有股权，假设2得证。

3. 非国有股东超额委派董事对混改国企资产保值增值影响的检验模型

为检验假设3，本书构建多元回归模型［式（4.14）］检验非国有股东超额委派董事对混改国企资产保值增值的影响作用。

$$APVA_{i,t} = \chi_0 + \chi_1 NOD_{i,t} + \chi_2 Size_{i,t} + \chi_3 Debt_{i,t} + \chi_4 Growth_{i,t} + \chi_5 Director_{i,t} +$$
$$\chi_6 Indirector_{i,t} + \chi_7 Inst_{i,t} + \sum Year + \sum Industry + \varepsilon_{i,t} \quad (4.14)$$

式中：非国有股东超额委派董事（NOD）代表非国有股东是否超额委派董事（WNOD）和非国有股东超额委派董事比例（RNOD）。

在上述模型［式（4.14）］中，若系数 χ_1 显著为正，则代表非国有股东超额委派董事正向促进混改国企资产保值增值，假设3得证。

4.3 实证检验及结果分析

4.3.1 描述性统计与相关性分析

1. 描述性统计

表 4.2 列示了本章所涉及主要变量的描述性统计结果。变量 APVA 的最大值为 1.429，最小值为 0.171，说明混改国企资产保值增值能力悬殊较大；均值为 1.004，大于 1，这表明平均来看，混改国企的资产是增值的；但中位数为 0.997，小于 1，说明至少有一半混改国企的资产并未实现增值，这与本书研究背景中分析的国企资产保值增值能力不足相吻合。

表 4.2 主要变量描述性统计

变量	样本量	均值	最大值	中位数	最小值	标准差
APVA	2510	1.004	1.429	0.997	0.171	0.151
WND	2510	0.270	1.000	0.000	0.000	0.445
RND	2510	0.086	0.857	0.000	0.000	0.163
RNE	2510	0.092	0.409	0.043	0.001	0.098
WNOD	2510	0.220	1.000	0.000	0.000	0.411
RNOD	2510	0.050	0.571	0.000	0.000	0.105
Size	2510	22.379	27.146	22.249	19.960	1.319
Debt	2510	0.473	0.956	0.465	0.019	0.209
Growth	2510	0.142	1.837	0.096	−0.486	0.278
Director	2510	9.130	13.000	9.000	5.000	1.300
Indirector	2510	0.364	0.571	0.333	0.250	0.054
Inst	2510	3.849	19.722	2.624	0.000	3.968

变量 WND 的均值为 0.270，意味着有 27% 的混改国企中非国有股东拥有董事会权力。同时，变量 RND 的均值为 0.086，表明非国有股东在混改国企中的董事会权力均值为 0.086，即非国有股东在混改国企中的董事会席位平均占比仅为 8.6%。然而，若仅分析席位占比不为零的样本，这一均值则为 0.319

(0.086/27%)，即在有非国有股东委派董事的混改国企中，非国有股东的董事席位占比平均高达31.9%，接近1/3，能够对混改国企的董事会决策产生重要影响。同时，变量RND的最大值为0.857，这表明在非国有股东拥有董事会权力的混改国企中，非国有股东的董事会权力并非均处于较低水平，其自身的差异性可能成为导致混改国企资产保值增值发生改变的因素。

变量RNE的中位数为0.043，表明在至少一半的混改国企中，非国有股东持股比例低于5%；RNE的均值为0.092，最大值为0.409，说明在样本企业中，非国有股东持股比例平均为9.2%，最高为40.9%。其中，在有非国有股东委派董事的混改国企中，非国有股权的均值为18.6%，高于全部样本企业的均值。

变量WNOD的均值为0.220，意味着有22%的混改国企中存在非国有股东超额委派董事的现象。同时，变量RNOD的均值仅为0.050，表明非国有股东超额委派董事的程度并不高。然而，若仅分析存在非国有股东超额委派董事的样本，这一均值可达到0.227（0.050/22%）。这意味着，平均来看，若混改国企的非独立董事总席位为5，则非国有股东能够拥有比理论值高于1位（0.227×5=1.135）的董事席位；若混改国企的非独立董事总席位为9，则非国有股东能够拥有比理论值高于2位（0.227×9=2.043）的董事席位。不难发现，在存在非国有股东超额委派董事的混改国企中，非国有股东委派董事的超额水平较高。

2. 相关性分析

表4.3报告了本章所涉及连续变量之间的Pearson相关性检验结果。混改国企资产保值增值APVA与非国有股东董事会权力RND显著正相关，初步证实了假设1。混改国企资产保值增值APVA与非国有股东董事会权力RND的相关系数小于与非国有股权RNE的相关系数，这与假设2相悖，但在控制其他变量后两者的关系是否会变化，还需要在后文的回归分析中进一步验证。混改国企资产保值增值APVA与非国有股东超额委派董事RNOD显著正相关，初步证实了假设3。被解释变量APVA与多数控制变量显著相关，印证了所选控制变量的有效性。

表4.3 主要变量相关性分析（$N=2510$）

变量	APVA	RND	RNE	RNOD	Size	Debt	Growth	Director	Indirector	Inst
APVA	1.000									
RND	0.037**	1.000								
RNE	0.078***	0.642***	1.000							
RNOD	0.076***	0.887***	0.376***	1.000						
Size	0.360***	-0.226***	0.294***	-0.199***	1.000					
Debt	-0.027*	-0.137***	0.231***	-0.106***	0.391***	1.000				
Growth	0.255***	0.032*	0.005	0.029*	0.156***	0.141***	1.000			
Director	0.004	-0.282***	0.213***	-0.219***	0.186***	-0.049***	-0.034**	1.000		
Indirector	0.047***	0.071***	0.023	0.089***	0.298***	0.228***	0.024	-0.206***	1.000	
Inst	0.369***	-0.228***	0.192***	-0.215***	0.507***	0.154***	0.162***	0.123***	0.187***	1.000

*，**，***分别代表10%，5%，1%的显著性水平。

4.3.2 非国有股东的董事会权力对混改国企资产保值增值影响的实证检验

利用前文构建的线性回归模型［式（4.12）］检验非国有股东的董事会权力对混改国企资产保值增值的影响关系。为消除不同变量之间的量纲差异，在回归分析前对变量予以标准化处理，并进行多重共线性检验，结果显示，VIF最大值为1.723，远小于10，表明模型不存在严重的共线性问题。

表4.4呈现了非国有股东的董事会权力对混改国企资产保值增值影响的回归结果。其中，（1）列为仅添加了控制变量的基准模型，调整R^2（adj-R^2）为0.255，表明控制变量对被解释变量的解释力度为0.255。基于此，在（2）列和（3）列分别加入非国有股东的董事会权力的两个衡量指标，以对比指标加入后模型解释力度的变化，从而分析非国有股东的董事会权力对混改国企资产保值增值的影响作用。

在表4.4的（2）列中，非国有股东的董事会权力通过非国有股东是否委派董事WND来衡量，模型的F值为124.783，在1%水平上显著，表明回归模型的拟合度较优。与（1）列的基准模型相比，（2）列回归模型的 R^2 增加了 0.003，在 1% 水平上显著，且调整 R^2（adj-R^2）由 0.255 增加到 0.257，这意味着在回归模型中加入变量 WND 后，模型的解释力度得以提高。WND 的回归系数为 0.052，T 值为 2.842，在 1% 水平上显著，表明变量 WND 对被解释变量发挥显著的正向影响作用，即在混改国企中，与非国有股东不委派董事相比，非国有股东委派董事有助于促进混改国企资产保值增值。

在表 4.4 的（3）列中，非国有股东的董事会权力通过非国有股东委派董事比例 RND 来衡量，模型的 F 值为 131.758，在 1% 水平上显著，说明该回归模型的拟合度较优。与（1）列的基准模型相比，（3）列回归模型的 R^2 增加了 0.013，在 1% 水平上显著，且调整 R^2（adj-R^2）由 0.255 增加到 0.267，这表明在回归模型中加入变量 RND 后，模型的解释力度得到了显著提升。RND 的回归系数为 0.124，T 值为 6.663，在 1% 水平上显著，说明变量 RND 对被解释变量发挥显著的正向影响作用，即在混改国企中，非国有股东委派董事比例越高，越有助于促进混改国企资产保值增值，假设 1 得证。

表 4.4 非国有股东董事会权力对国企资产保值增值影响的回归结果

变量	APVA		
	(1)	(2)	(3)
WND_t		0.052***	
		(2.842)	
RND_t			0.124***
			(6.663)
$Size_t$	0.339***	0.342***	0.351***
	(15.041)	(15.183)	(15.664)
$Debt_t$	-0.210***	-0.203***	-0.195***
	(-10.992)	(-10.559)	(-10.229)
$Growth_t$	0.193***	0.189***	0.183***
	(10.950)	(10.669)	(10.436)
$Director_t$	-0.106***	-0.099***	-0.078***
	(-5.730)	(-5.309)	(-4.161)

续表

变量	APVA		
	(1)	(2)	(3)
Indirector$_t$	-0.075*** (-3.940)	-0.083*** (-4.350)	-0.088*** (-4.679)
Inst$_t$	0.225*** (11.161)	0.237*** (11.515)	0.246*** (12.137)
Constant	0.000 (0.000)	-0.086** (-2.470)	-0.584*** (-6.540)
Year	控制	控制	控制
Industry	控制	控制	控制
cluster	控制	控制	控制
adj-R^2	0.255	0.257	0.267
R^2	0.256	0.259	0.269
ΔR^2	0.256***	0.003***	0.013***
F	143.826***	124.783***	131.758***
N	2510	2510	2510

*，**，***分别代表10%，5%，1%的显著性水平。

4.3.3 非国有股东的董事会权力与股权作用强度对比的实证检验

为了对比非国有股东的董事会权力与股权对混改国企资产保值增值影响作用强度的差异，本书运用模型［式（4.13）］进行实证检验。为消除不同变量之间的量纲差异，在回归分析前对变量予以标准化处理，并进行多重共线性检验，结果显示，VIF最大值为1.824，远小于10，表明模型不存在严重的共线性问题。

在对模型［式（4.13）］进行检验的过程中，采用逐步回归法逐个将解释变量加入模型。由于非国有股权代表的是混改国企中前十大股东中非国有股东的持股比例之和，属于连续变量，为了提高可比性，在该模型的检验中，通过非国有股东委派董事比例这一连续变量来衡量非国有股东的董事会权力。表4.5的（1）列为仅添加了控制变量的基准模型，F值为143.826，且在1%水平上显著。在（2）列的模型中增加了非国有股东委派董事比例 RND，F 值为 131.758，在 1% 水平上显著，且调整 R^2（adj-R^2）由 0.255 增加到了 0.267，表明加入 RND 提高了模型对被解释变量的解释力度。(3) 列在 (2) 列模型的基础上加入非国有股权 RNE，F 值为 120.430，在 1% 水平上显著，说明模型的拟合优度较高；调整 R^2（adj-R^2）由 0.267 提高到 0.276，证实了 RNE 这一变量的加入提高了模型对被解释变量的解释力度，说明非国有股权的确对国企资产保值增值具有显著的影响作用，这是对比分析非国有股东的董事会权力与股权对混改国企资产保值增值影响强度差异的前提。在（3）列中，非国有股东法人董事会权力 RND 和非国有股权 RNE 的标准化回归系数分别为 0.199（$T=8.663$）和 0.126（$T=5.506$），均在 1% 水平上显著，前者大于后者，表明前者对被解释变量的影响作用更强，即与非国有股权相比，非国有股东的董事会权力对混改国企资产保值增值的影响作用更强，假设 2 得证。

表 4.5 非国有股东董事会权力与股权对国企资产保值增值的影响作用对比

变量	APVA		
	(1)	(2)	(3)
RND_t		0.124*** (6.663)	0.199*** (8.663)
RNE_t			0.126*** (5.506)
$Size_t$	0.339*** (15.041)	0.351*** (15.664)	0.336*** (14.955)
$Debt_t$	−0.210*** (−10.992)	−0.195*** (−10.229)	−0.208*** (−10.890)
$Growth_t$	0.193*** (10.950)	0.183*** (10.436)	0.184*** (10.528)
$Director_t$	−0.106*** (−5.730)	−0.078*** (−4.161)	−0.082*** (−4.411)
$Indirector_t$	−0.075*** (−3.940)	−0.088*** (−4.679)	−0.091*** (−4.829)

续表

变量	APVA		
	(1)	(2)	(3)
$Inst_t$	0.225*** (11.161)	0.246*** (12.137)	0.249*** (12.382)
Constant	0.000 (0.000)	-0.584*** (-6.540)	-0.940*** (-8.559)
Year	控制	控制	控制
Industry	控制	控制	控制
cluster	控制	控制	控制
adj-R^2	0.255	0.267	0.276
R^2	0.256	0.269	0.278
ΔR^2	0.256***	0.013***	0.009***
F	143.826***	131.758***	120.430***
N	2510	2510	2510

*，**，***分别代表10%，5%，1%的显著性水平。

4.3.4 非国有股东超额委派董事对混改国企资产保值增值影响的实证检验

在非国有股东董事会权力与非国有股权非对等配置的逻辑下，深入分析混改国企的董事会结构，进一步探讨非国有股东超额委派董事对混改国企资产保值增值的影响作用。本书利用构建的线性回归模型［式（4.14）］检验非国有股东超额委派董事对混改国企资产保值增值的影响关系。为消除不同变量之间的量纲差异，在回归分析前对变量予以标准化处理，并进行多重共线性检验，结果显示，VIF最大值为1.719，远小于10，表明模型不存在严重的共线性问题。

表4.6汇报了非国有股东超额委派董事对混改国企资产保值增值的回归结果。其中，（1）列为仅添加了控制变量的基准模型，调整R^2（adj-R^2）为0.255，表明控制变量对被解释变量的解释力度为0.255。基于此，在（2）列和（3）列分别加入非国有股东超额委派董事的两个衡量指标，以对比指标加

入后模型解释力度的变化,从而分析非国有股东超额委派董事对混改国企资产保值增值的影响作用。

在表 4.6 的 (2) 列中,非国有股东超额委派董事通过非国有股东是否超额委派董事 WNOD 来衡量,模型的 F 值为 128.378,在 1% 水平上显著,表明回归模型的拟合度较优。与 (1) 列的基准模型相比,(2) 列回归模型的 R^2 增加了 0.008,在 1% 水平上显著,且调整 R^2（adj-R^2）由 0.255 增加到 0.262,这表明在 (1) 列基准模型的基础上加入变量 WNOD 后,模型的解释力度得以显著提高。WNOD 的回归系数为 0.095,T 值为 5.176,在 1% 水平上显著,表明变量 WNOD 对被解释变量发挥显著的正向作用,即在混改国企中,与非国有股东不超额委派董事相比,非国有股东超额委派董事有助于促进混改国企资产保值增值。

在表 4.6 的 (3) 列中,非国有股东超额委派董事通过非国有股东超额委派董事比例 RNOD 来衡量,模型的 F 值为 141.948,在 1% 水平上显著,说明该回归模型的拟合优度较高。与 (1) 列的基准模型相比,(3) 列回归模型的 R^2 增加了 0.028,在 1% 水平上显著,且调整 R^2（adj-R^2）由 0.255 增加到 0.282,这意味着加入变量 RNOD 后,回归模型对被解释变量的解释力度显著提高。RNOD 的回归系数为 0.179,T 值为 9.871,在 1% 水平上显著,说明变量 RNOD 对被解释变量发挥显著的正向影响作用,即在混改国企中,非国有股东超额委派董事比例越高,越有助于促进混改国企资产保值增值,假设 3 得证。

表 4.6　非国有股东超额委派董事对国企资产保值增值影响的回归结果

变量	APVA		
	(1)	(2)	(3)
$WNOD_t$		0.095*** (5.176)	
$RNOD_t$			0.179*** (9.871)
$Size_t$	0.339*** (15.041)	0.347*** (15.424)	0.354*** (15.943)

续表

变量	APVA		
	(1)	(2)	(3)
$Debt_t$	-0.210*** (-10.992)	-0.201*** (-10.567)	-0.193*** (-10.286)
$Growth_t$	0.193*** (10.950)	0.185*** (10.498)	0.179*** (10.280)
$Director_t$	-0.106*** (-5.730)	-0.095*** (-5.129)	-0.079*** (-4.312)
$Indirector_t$	-0.075*** (-3.940)	-0.092*** (-4.807)	-0.100*** (-5.331)
$Inst_t$	0.225*** (11.161)	0.248*** (12.058)	0.264*** (13.079)
Constant	0.000 (0.000)	-0.182*** (-4.652)	-0.892 (-9.702)
Year	控制	控制	控制
Industry	控制	控制	控制
cluster	控制	控制	控制
$adj\text{-}R^2$	0.255	0.262	0.282
R^2	0.256	0.264	0.284
ΔR^2	0.256***	0.008***	0.028***
F	143.826***	128.378***	141.948***
N	2510	2510	2510

*，**，***分别代表10%，5%，1%的显著性水平。

4.3.5 实证结果分析

本章着重探讨非国有股东的董事会权力对混改国企资产保值增值的直接影响，并为进一步深化研究内容，对比了非国有股东的董事会权力与股权对混改国企资产保值增值的作用强度差异，以及在两者非对等配置逻辑下考察非国有股东超额委派董事对混改国企资产保值增值的影响作用。根据上述实证检验结果可知，非国有股东的董事会权力可正向促进混改国企资产保值增值；与非国有股权相比，非国有股东的董事会权力对混改国企资产保值增值的正向促进作用更强；在非国有股东的董事会权力与股权非对等配置逻辑下，非国有股东超额委派董事能够正向促进混改国企资产保值增值。根据实证结论，进行如下分析。

（1）非国有股东的董事会权力可正向促进混改国企资产保值增值。在股东资源视角下，非国有股东在混改国企的董事会拥有权力，意味着非国有股东向国企投入了相对重要的优势资源。非国有股东的董事会权力越大，意味着非国有股东投入的资源数量越多且优势越强，越有助于发挥非国有资源与国有资源的互补优势，提高国有资源的边际产出贡献，并且能够增加国企可利用资源的规模，最终均可促进混改国企资产保值增值。此外，与国有股东相比，非国有股东的决策风格更为灵活，对市场具有较为灵敏的触觉，非国有股东通过委派董事参与国企治理，有助于改善国企僵化的管理体制，并通过提升国企治理效率进而促进混改国企资产保值增值。在治理结构视角下，非国有股东在混改国企的董事会拥有权力，可形成非国有股东对国有股东的有效制衡，能够改善国企以往"一股独大"的治理缺陷，且非国有股东通过委派董事参与国企经营决策并发挥监督作用，有助于缓解国企"董事虚置"现象，能够提升国企内部治理效率，并提高决策效率与经营效率，进而促进资产保值增值。

（2）与非国有股权相比，非国有股东的董事会权力对混改国企资产保值增值的正向促进作用更强。在股东资源视角下，与非国有股权代表的价值可量化的财务资源相比，非国有股东董事会权力则能够反映非国有股东向国企投入的财务资源与非财务资源所具有的禀赋优势及其重要性，加之国有资源与非国有资源的互补优势也体现在非财务资源上，如灵活的管理理念、高效的决策经验及灵敏的市场触觉等，可见，非国有股东的董事会权力囊括了非国有财务资源和非财务资源的整体优势，因此，非国有股东的董事会权力对混改国企资产保值增值发挥的促进作用强于非国有股权。在治理结构视角下，董事会权力相较于股权更加接近于公司经营层，与股权制衡相比，异质股东在董事会层面相互制衡，将对企业经营决策产生更大的影响，因此，在董事会层面更高的制衡度更有利于改善决策质量，提高经营效率，促进混改国企资产保值增值。

(3)非国有股东超额委派董事可正向促进混改国企资产保值增值。由于非国有股东董事会权力与非国有股权的非对等配置及两者对国企资产保值增值作用强度的差异，本书为深化国企董事会结构研究，深入分析非国有股东超额委派董事对混改国企资产保值增值的影响作用。在股东资源视角下，非国有股东超额委派董事代表着，非国有股东向国企投入的资源所具有的优势地位超过了所持股权带来的谈判地位，也就是说，非国有股东超额委派董事意味着非国有股东向国企投入了价值难以量化的优势资源。基于前文对国有资源与非国有资源优势互补性的分析不难推断出，非国有股东超额委派董事越多，非国有股东所投入国企的资源优势越强，越有助于促进混改国企资产保值增值。在治理结构视角下，非国有股东超额委派董事代表着，与股权制衡相比，非国有股东在董事会层面对国有股东的制衡度更大，能够在国企混改后国有股东依然持有大比例股权的情况下，通过加强董事抗衡而获得话语权，更加有助于缓解国企"一股独大""所有者监督缺位"及"董事虚置"等治理缺陷，提升国企经营效率，进而促进混改国企资产保值增值。

4.4 内生性检验

为避免可能存在的内生性问题导致研究结论产生偏差，本节对前文的实证结果进行内生性检验，具体包括由样本自选择、遗漏变量及反向因果关系可能引起的内生性问题检验。

4.4.1 样本自选择问题

本书选取非国有股东在混改国企董事会中的席位占比衡量非国有股东的董事会权力，探讨非国有股东的董事会权力对混改国企资产保值增值的影响作用；更进一步地，鉴于股东的董事会权力与股权的非对等配置逻辑，探究了非国有股东超额委派董事对混改国企资产保值增值的影响作用。由于非国有股东参股国企并（超额）委派董事可能是因为国有企业本身具有较高的利润空间或较强的资产保值增值能力，抑或在经济周期、国家政策的影响下，企业呈现较高的资产保值增值，而不是由于非国有股东（超额）委派董事导致了混改国企资产保值增值发生变化，因此，可能存在样本自选择问题影响研究结论的可靠性。为避免样本自选择偏误对研究结论产生影响，本书采用倾向得分匹配法缓解潜在的样本自选择可能导致的内生性问题。

针对非国有股东的董事会权力对混改国企资产保值增值影响关系中可能存在的样本自选择问题，先将样本分为委派董事组和未委派董事组（依据 WND 分组），并从资产规模（Size）、资产负债率（Debt）、成长性（Growth）、董事会规模（Director）、独董比例（Indirector）、机构投资者持股比例（Inst）等维度，对两组进行匹配。采用两种匹配方法（Kernel、Neighbor）估计上述两组群体之间 APVA 的平均差距，结果见表 4.7 的（1）列、（2）列。针对非国有股东超额委派董事对混改国企资产保值增值影响关系中可能存在的样本自选择问题，先将样本分为超额委派董事组和非超额委派董事组（依据 WNOD 分组），并从资产规模（Size）、资产负债率（Debt）、成长性（Growth）、董事会规模（Director）、独董比例（Indirector）、机构投资者持股比例（Inst）等维度，对两组进行匹配。采用两种匹配方法（Kernel、Neighbor）估计上述两组群体之间 APVA 的平均差距，结果见表 4.7 的（3）列、（4）列。

表 4.7　倾向得分匹配法的估计结果

组别	WND Kernel (1)	WND Neighbor (1:2) (2)	WNOD Kernel (3)	WNOD Neighbor (1:2) (4)
处置组	1.012	1.015	1.126	1.198
对照组	0.985	0.976	0.998	0.986
平均处置效应	0.027*** (3.238)	0.039*** (4.561)	0.128*** (4.138)	0.212*** (4.982)

*，**，***分别代表10%，5%，1%的显著性水平。

根据表4.7（1）列、（2）列的估计结果，在 Kernel 和 Neighbor 两种不同匹配方法下，非国有股东委派董事组的 APVA 均显著高于未委派董事组，即与非国有股东的董事会权力为零相比，非国有股东的董事会权力不为零的情况下

APVA 更高。在 Kenel 方法下，匹配后，平均而言，委派董事组的 APVA 比未委派董事组高 0.027，并在 1% 的水平上显著。在 Neighbor 方法下，匹配后，平均而言，委派董事组的 APVA 比未委派董事组高 0.039，并在 1% 的水平上显著。可见，倾向得分匹配法估计结果呈现的变量关系与前文回归结果基本一致，说明在控制样本自选择偏差导致的内生性问题后，前文假设 1 的检验结果依然成立。

根据表 4.7（3）列、（4）列的估计结果，在 Kernel 和 Neighbor 两种不同匹配方法下，非国有股东超额委派董事组的 APVA 均显著高于未超额委派董事组。在 Kenel 方法下，匹配后，平均而言，超额委派董事组的 APVA 比未超额委派董事组高 0.128，并在 1% 的水平上显著。在 Neighbor 方法下，匹配后，平均而言，超额委派董事组的 APVA 比未超额委派董事组高 0.212，并在 1% 的水平上显著。可见，倾向得分匹配法估计结果呈现的变量关系与前文回归结果基本一致，说明在控制样本自选择偏差导致的内生性问题后，前文假设 3 的检验结果依然成立。

4.4.2 遗漏变量问题

在实证模型构建中，已根据现有相关研究将影响混改国企资产保值增值的主要可观测因素纳入模型中，将不可观测因素纳入随机扰动项。但在实证分析过程中，随机扰动项包含的不可观测因素仍然可能会与解释变量存在因果关系，进而产生遗漏变量的内生性问题，影响模型估计的可靠性。对此，本书采用 Change 模型排除遗漏变量导致的内生性问题，Change 模型的回归结果见表 4.8。

表 4.8　Change 模型检验结果

变量	$\Delta APVA_t$		
	(1)	(2)	(3)
ΔRND_t	0.119*** (5.469)	0.186*** (6.916)	
ΔRNE_t		0.107*** (5.213)	

续表

变量	$\Delta APVA_t$		
	(1)	(2)	(3)
$\Delta RNOD_t$			0.168***
			(8.514)
$\Delta Controls_t$	控制	控制	控制
Year	控制	控制	控制
Industry	控制	控制	控制
cluster	控制	控制	控制
Constant	0.002	0.001	0.002
	(1.412)	(1.046)	(0.564)
adj-R^2	0.256	0.263	0.274
N	2510	2510	2510

注：$Controls_t$ 代表一系列的控制变量。

*，**，***分别代表10%，5%，1%的显著性水平。

从表 4.8 的检验结果看，以国企资产保值增值的变化量（$\Delta APVA$）为被解释变量，ΔRND 的系数在 1% 的水平上显著为正；ΔRND 的标准化回归系数 0.186 大于 ΔRNE 的标准化回归系数 0.107；$\Delta RNOD$ 的系数在 1% 的水平上显著为正，均再次印证了前文假设 1、假设 2 和假设 3 的检验结果。

4.4.3 反向因果问题

前文验证了非国有股东的董事会权力对混改国企资产保值增值的影响作用，但在国企混改对象的选择上，国有股东与非国有股东拥有双向选择的权力。非国有股东在选择要参股的国企时，可能会考虑国企的资产增值能力。对于资产增值空间较大、能力较高的国企，出于自利动机，非国有股东参与治理的积极性很高，会通过投入较多的优势资源提高谈判力，争取获得更多董事席位。因此，混改国企资产保值增值可能会反向作用于非国有股东（超额）委派董事，可能存在反向因果关系所导致的内生性问题。对此，本书采用两阶段最小二乘回归（2SLS）进行检验。

选取两个工具变量：①同行业同年度其他国有上市公司中非国有股东（超额）委派董事比例的均值 RNDIND（RNODIND）；②非国有股东在自身所处行业的市场竞争能力（NMS），以非国有股东在所处行业的销售收入比重衡量。非国有股东在所处行业的市场竞争能力越大，表明所拥有的资源优势越强，参与国企混改后能够获得更强的谈判力，争取到更多的董事席位；同时，非国有股东参股国企前，与国企是相互独立的个体，其本身在所处行业的竞争能力与国企市场竞争能力不存在明显的相关性，满足工具变量的相关性条件。

对工具变量有效性的检验结果见表4.9，表中列示了工具变量的 Sargan 检验结果，P 值为 0.209 和 0.186，大于 0.100；Cragg-Donald 检验的 F 值为 101.568 和 89.642，远远大于 10。这表明模型不存在过度识别问题，工具变量通过了弱工具变量检验，工具变量有效。表4.9中（1）列、（2）列两阶段模型的回归结果显示，RND 的系数在 1% 的水平上显著为正，与前文假设1的检验结果一致；（3）列、（4）列两阶段模型的回归结果显示，RNOD 的系数在 1% 的水平上显著为正，与前文假设3的检验结果一致，说明在采用 2SLS 控制反向因果关系的内生性问题后，前文假设1和假设3的检验结果仍然保持不变。

表4.9 工具变量2SLS回归结果

变量	(1) $APVA_t$ 第二阶段	(2) RND_t 第一阶段	(3) $APVA_t$ 第二阶段	(4) $RNOD_t$ 第一阶段
RND_t	0.126*** (7.562)			
$RNOD_t$			0.165*** (9.246)	
NMS_t		0.082*** (4.135)		0.069*** (3.865)
$RNDIND_t$		0.121*** (3.567)		
$RNODIND_t$				0.106*** (3.760)

续表

变量	(1) APVA$_t$ 第二阶段	(2) RND$_t$ 第一阶段	(3) APVA$_t$ 第二阶段	(4) RNOD$_t$ 第一阶段
Controls$_t$	控制	控制	控制	控制
Year	控制	控制	控制	控制
Industry	控制	控制	控制	控制
cluster	控制	控制	控制	控制
Constant	0.002* (1.995)	0.120** (2.106)	0.002* (2.002)	0.106** (2.132)
C-D Wald F	101.568		89.642	
Sargan P	0.209		0.186	
adj-R^2	0.253	0.248	0.261	0.250
N	2510	2510	2510	2510

注：1. C-D Wald F 为 Cragg-Donald Wald F 统计量，用以判别模型是否存在弱工具变量。

2. Sargan 表示对工具变量的合理性进行过度识别检验得到的 Sargan 统计量，渐进服从卡方分布，Sargan P 为对应的 P 值。

3. Controls 代表一系列的控制变量。

*，**，*** 分别代表10%，5%，1%的显著性水平。

此外，为了进一步克服可能存在的反向因果关系问题，本书还采用滞后解释变量的方法进行内生性检验。简单而言，由于前一年非国有股东（超额）委派董事发生的时间点早于当年资产保值增值的结果，从理论上排除了当年资产保值增值影响前一年非国有股东（超额）委派董事的可能性，即若国企当年的资产保值增值率提高，理论上不应该影响前一年的非国有股东（超额）委派董事。回归结果见表4.10，APVA$_t$ 为被解释变量时，WND$_{t-1}$、RND$_{t-1}$、WNOD$_{t-1}$ 和 RNOD$_{t-1}$ 的系数在1%的水平上均显著为正，与前文假设1和假设3的检验结果保持一致。

表 4.10　自变量滞后一期的检验结果

变量	APVA$_t$			
	(1)	(2)	(3)	(4)
WND$_{t-1}$	0.043*** (2.545)			
RND$_{t-1}$		0.076*** (4.239)		
WNOD$_{t-1}$			0.068*** (4.265)	
RNOD$_{t-1}$				0.109*** (5.946)
Controls$_{t-1}$	控制	控制	控制	控制
Year	控制	控制	控制	控制
Industry	控制	控制	控制	控制
cluster	控制	控制	控制	控制
Constant	0.004* (2.013)	0.006 (1.296)	0.010* (2.034)	0.008 (1.056)
adj-R^2	0.212	0.216	0.230	0.233
N	2510	2510	2510	2510

注：Controls 代表一系列的控制变量。

*，**，*** 分别代表 10%，5%，1% 的显著性水平。

4.5　稳健性检验

为提高研究结论的可靠性，对本章的实证结果进行稳健性检验，检验方法包括更换变量衡量方法、更换样本及控制企业固定效应。

4.5.1　更换变量衡量方法

将本书被解释变量的衡量方法更换为《国有资产保值增值考核试行办法》中提出的国有资产保值增值率（期末所有者权益/期初所有者权益×100%），记为 APVA_1。郭檬楠和吴秋生（2019）同样也在其研究中采用上述指标进行资产保值增值的稳健性检验。按照前文实证模型，以 APVA_1 为被解释变量，重新检验假设 1、假设 2 和假设 3，结果见表 4.11。在（2）列、（3）列中，解释变量 WND 和 RND 的系数显著为正，均在 1% 水平上显著，与前文假设 1 的检验结果一致。在（4）列中，RND 的标准化回归系数 0.266 大于 RNE 的标准化回归系数 0.250，与前文假设 2 的检验结果一致。在（5）列、（6）列中，解释变量 WNOD 和 RNOD 的系数显著为正，均在 1% 水平上显著，与前文假设 3 的检验结果一致，表明结论具有一定的稳健性。

表 4.11 非国有股东的董事会权力对混改国企资产保值增值影响的稳健性检验

（更换变量衡量方法）

变量	$APVA\_1_t$					
	(1)	(2)	(3)	(4)	(5)	(6)
WND_t		0.097*** (4.720)				
RND_t			0.116*** (5.569)	0.266*** (10.467)		
RNE_t				0.250*** (9.917)		
$WNOD_t$					0.108*** (3.903)	
$RNOD_t$						0.172*** (6.424)
$Size_t$	0.025 (1.010)	0.031 (1.243)	0.037 (1.467)	0.006 (0.26)	0.032 (1.266)	0.035 (1.413)
$Debt_t$	−0.039* (−1.812)	−0.026 (−1.208)	−0.025 (−1.157)	−0.051** (−2.395)	−0.032 (−1.478)	−0.027 (−1.283)
$Growth_t$	0.187*** (9.441)	0.178*** (9.024)	0.177*** (8.988)	0.178*** (9.217)	0.180*** (9.080)	0.176*** (8.959)
$Director_t$	−0.023 (−1.139)	−0.010 (−0.506)	0.002 (0.115)	−0.006 (−0.296)	−0.014 (−0.688)	−0.005 (−0.238)

续表

变量	APVA_1$_t$					
	(1)	(2)	(3)	(4)	(5)	(6)
Indirector$_t$	0.133***	0.117***	0.120***	0.115***	0.118***	0.115***
	(6.273)	(5.461)	(5.663)	(5.547)	(5.508)	(5.427)
Inst$_t$	0.075***	0.095***	0.094***	0.101***	0.093***	0.101***
	(3.301)	(4.165)	(4.126)	(4.529)	(4.059)	(4.440)
Constant	0.000	-0.159***	-0.547***	-1.256***	-0.154***	-0.619***
	(0.000)	(-4.101)	(-5.466)	(-10.341)	(-3.507)	(-5.951)
Year	控制	控制	控制	控制	控制	控制
Industry	控制	控制	控制	控制	控制	控制
cluster	控制	控制	控制	控制	控制	控制
adj-R^2	0.068	0.076	0.079	0.114	0.073	0.081
R^2	0.070	0.079	0.082	0.116	0.076	0.084
ΔR^2	0.070***	0.009***	0.012***	0.034***	0.006***	0.014***
F	31.555***	30.459***	31.802***	41.203***	29.376***	32.669***
N	2510	2510	2510	2510	2510	2510

*，**，***分别代表10%，5%，1%的显著性水平。

4.5.2 更换样本

为使研究结论更具可靠性，本书还通过更换样本的方法实施进一步的稳健性检验。以2013年党的十八届三中全会倡导"积极发展混合所有制经济"为政策节点，剔除了2013年以前的样本，按照前文实证模型重新检验假设1、假设2和假设3，结果见表4.12。在（2）列、（3）列中，解释变量WND和RND的系数显著为正，分别在5%和1%水平上显著，与前文假设1的检验结果一致。在（4）列中，RND的标准化回归系数0.190大于RNE的标准化回归系数0.124，与前文假设2的检验结果一致。在（5）列、（6）列中，解释变量WNOD和RNOD的系数显著为正，均在1%水平上显著，与前文假设3的检验结果一致。

表 4.12　非国有股东的董事会权力对混改国企资产保值增值影响的稳健性检验（更换样本）

变量	APVA					
	(1)	(2)	(3)	(4)	(5)	(6)
WND_t		0.049** (2.213)				
RND_t			0.114*** (5.012)	0.190*** (6.705)		
RNE_t				0.124*** (4.458)		
$WNOD_t$					0.092*** (4.132)	
$RNOD_t$						0.172*** (7.693)
$Size_t$	0.330*** (11.987)	0.333*** (12.090)	0.341*** (12.433)	0.326*** (11.852)	0.337*** (12.282)	0.343*** (12.651)
$Debt_t$	-0.198*** (-8.572)	-0.191*** (-8.254)	-0.185*** (-8.029)	-0.198*** (-8.588)	-0.191*** (-8.290)	-0.185*** (-8.132)
$Growth_t$	0.191*** (9.001)	0.187*** (8.781)	0.182*** (8.598)	0.183*** (8.686)	0.183*** (8.646)	0.178*** (8.475)
$Director_t$	-0.097*** (-4.337)	-0.090*** (-4.000)	-0.072*** (-3.137)	-0.076*** (-3.324)	-0.086*** (-3.846)	-0.072*** (-3.228)
$Indirector_t$	-0.070*** (-3.064)	-0.078*** (-3.374)	-0.082*** (-3.594)	-0.085*** (-3.742)	-0.086*** (-3.742)	-0.093*** (-4.119)
$Inst_t$	0.220*** (9.120)	0.231*** (9.388)	0.240*** (9.875)	0.245*** (10.119)	0.243*** (9.850)	0.259*** (10.683)
Constant	0.008 (0.376)	-0.073* (-1.739)	-0.534*** (-4.851)	-0.890*** (-6.568)	-0.169*** (-3.554)	-0.853*** (-7.498)
Year	控制	控制	控制	控制	控制	控制
Industry	控制	控制	控制	控制	控制	控制
cluster	控制	控制	控制	控制	控制	控制

续表

变量	APVA					
	(1)	(2)	(3)	(4)	(5)	(6)
adj-R^2	0.246	0.247	0.256	0.265	0.253	0.271
R^2	0.248	0.250	0.259	0.268	0.256	0.274
ΔR^2	0.248***	0.002***	0.011***	0.009***	0.008***	0.026***
F	92.588***	80.244***	84.087***	76.886***	82.558***	90.561***
N	1503	1503	1503	1503	1503	1503

*，**，***分别代表10%，5%，1%的显著性水平。

4.5.3 控制企业固定效应

为进一步控制可能遗漏的不随时间变化的企业固定因素对回归结果的影响，本书采用企业固定效应模型重新检验主假设，结果发现非国有股东的董事会权力与混改国企资产保值增值依旧在1%水平上显著正相关，见表4.13中的（2）列、（3）列。这表明本书的研究结果具有一定的稳健性，并不是由于遗漏了某些企业固定因素的解释变量所导致的。

表4.13 非国有股东的董事会权力对混改国企资产保值增值影响的稳健性检验

（企业固定效应模型）

变量	APVA		
	(1)	(2)	(3)
WND_t		0.103***	
		(4.035)	
RND_t			0.152***
			(7.289)
$Size_t$	0.289***	0.309***	0.326***
	(9.041)	(9.749)	(9.265)
$Debt_t$	-0.190***	-0.178***	-0.163***
	(-8.917)	(-8.386)	(-8.337)

续表

变量	APVA		
	(1)	(2)	(3)
$Growth_t$	0.128***	0.118***	0.109***
	(8.902)	(7.642)	(7.636)
$Director_t$	-0.105***	-0.096***	-0.072***
	(-5.725)	(-5.326)	(-4.631)
$Indirector_t$	-0.105***	-0.113***	-0.119***
	(-3.935)	(-4.628)	(-4.820)
$Inst_t$	0.314***	0.320***	0.327***
	(9.248)	(9.925)	(10.336)
Constant	0.000	-0.036*	-0.204**
	(0.000)	(-1.653)	(-2.378)
Year	控制	控制	控制
Industry	控制	控制	控制
cluster	控制	控制	控制
Firm fixed effects	控制	控制	控制
adj-R^2	0.226	0.229	0.231
R^2	0.227	0.231	0.233
ΔR^2	0.227***	0.004***	0.006***
F	120.847***	104.427***	116.738***
N	2510	2510	2510

*，**，***分别代表10%，5%，1%的显著性水平。

4.6 本章小结

本章主要探讨了非国有股东的董事会权力对混改国企资产保值增值的直接影响作用，并在考虑非国有股东的董事会权力与股权非对等配置的逻辑下，对比了两者对混改国企资产保值增值影响作用强度的差异，进而从深入分析董事会结构的角度引出了非国有股东超额委派董事对混改国企资产保值增值的影响关系探讨。通过搜集样本企业数据并构建线性回归模型对研究假设进行实证检验，结果表明，非国有股东的董事会权力可正向促进混改国企资产保值增值；与非国有股权相比，非国有股东的董事会权力对混改国企资产保值增值的正向促进作用更强；在非国有股东的董事会权力与股权非对等配置逻辑下，非国有股东超额委派董事能够正向促进混改国企资产保值增值。上述实证检验结果在考虑样本自选择、遗漏变量和反向因果等内生性问题及更换变量衡量方法和更换样本后，依然保持稳健，表明研究结论具有一定的可靠性。

第5章 非国有股东的董事会权力影响混改国企资产保值增值的路径分析

第4章在第3章理论分析的基础上运用实证研究方法检验了非国有股东的董事会权力对混改国企资产保值增值的直接影响作用，为进一步厘清这一影响过程的作用机理，本章基于第3章的理论分析，一方面从非国有股东董事会权力的资源禀赋效应入手，在股东资源视角下分析资产运营效率在非国有股东的董事会权力与混改国企资产保值增值之间的中介作用；另一方面从非国有股东董事会权力的权力制衡效应入手，在治理结构视角下分析经理管理防御在非国有股东的董事会权力与混改国企资产保值增值之间的中介作用，研究内容如图5.1所示。

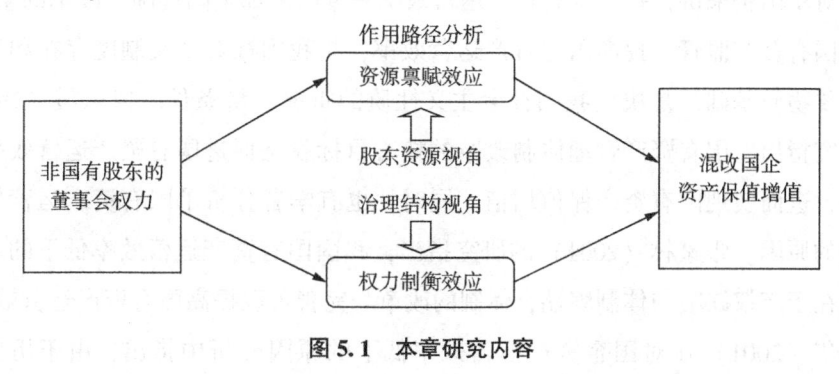

图5.1 本章研究内容

5.1 假设提出

5.1.1 股东资源视角下资产运营效率的作用路径

效率用于反映投入与产出之间的比率关系，是指在既定的资源投入和技术环境等前提下，最有效地使用资源以满足设定的愿望和需要的评价方式。在企业的运行过程中，对资产的运营是为了提升企业绩效，资产运营效率则是指企业资产运营过程中资产产出与投入的比例。资产运营效率在企业的绩效评价与经济后果反映中具有重要地位。金碚和李钢（2007）基于统计数据分析中国企业盈利能力的现状及原因，该研究指出，企业资产运营效率的提高是企业盈利能力得以提升的主要原因之一。张军辉（2004）针对上海上市公司的经营状况进行分析，在分析成因中指出，资产运营效率低下是导致上海上市公司经营业绩水平较低的主要原因。有学者在对湖南省常德市40家国有中小型企业进行国企改制业绩评价中，将资产运营效率作为主要指标之一反映企业业绩。也有学者在分析国有资产管理体制的过程中指出，提高国有资产运营效率和发展质量是实现国有资产保值增值的重要途径。牛芳等（2014）构建了全面评价上市公司投资价值的指标体系，其中，资产运营效率被选入三个一级指标中，以此表征上市公司投资价值的高低。从上述研究不难看出，资产运营效率是反映企业经营状况的主要指标。

对于国企来讲，提高国有资产运营效率一直以来都是国资国企改革的重点。加强国有资产监管，提高国有资产运营效率，是我国社会主义制度存在和发展的主要物质基础，是决定我国社会主义性质的重要经济条件。何东霞（1998）的研究指出，国有资产管理体制改革的核心目标就是促进国有资产运营效率的提高，进而实现国有资产保值增值。同时，也有学者分析了国有资产运营效率较低的原因。张家林（2001）的研究指出，我国国有资产运营效率低下的基本原因在于产权缺陷与体制弊端，体制的改革与完善可以提高国有资产运营效率。黄可华（2001）在对国企资产运营效率低下的原因分析中指出，由于历史原因，国有资产结构和布局不合理，导致国有资产主导作用和整体效率没有充分发挥出来，造成了社会资源的浪费。有学者基于委托代理理论分析了我国国有资产管理体制的现状，并指出由于我国公有产权初始委托人效用诉求无法对企业代理人形成导向约束，地方政府角色缺位、错位，监督成本高、监督不力，导致了国有资产代理人的不作为、国有资产经营效益低下、国有资产流失严重等问题。有学者在分析国企资产管理现状中指出，国企在资产采购过程中，往往存在追求高配置、高质量的趋势，降低了资产的利用效率，同时也会由此导致资产闲置，减慢了资金回收的速度，从而造成资金资源的浪费。可见，国企的资产运营效率低一直为学者们所诟病，究其原因主要在于国企自身存在的制度缺陷。因此，在国企新一轮混改中，制度缺陷能否得到弥补，资产运营效率可作为重要的衡量指标。鉴于此，本书从资产运营效率角度分析国企混改中对国有资源与非国有资源的整合及配置效率，并从这一角度探讨非国有股东的董事会权力对混改国企资产保值增值影响的作用路径。

1. 非国有股东的董事会权力与资产运营效率

根据第3章对非国有股东的董事会权力来源的分析，基于股东资源视角，非国有股东的董事会权力是非国有资源优势的权力表征。因此，可通过分析非国有资源进入国企后发挥的优势效应对国企资产运营效率的影响作用来反映非国有股东董事会权力对国企资产运营效率的影响关系。非国有资本以股权投资形式进入国企，首先，会为国企带入资金资源；其次，非国有股东所具有的特有技术与市场资源也成为混改国企可利用的优势资源；再次，非国有股东与国企也会以项目投资形式合作，这可为国企提供好的投资项目；最后，非国有股东通过委派董事参与国企董事会决策，会以人力资本的形式为国企带入新的管理理念。基于此，本书基于股东资源视角，从非国有资本能够为国企提供的资金资源、市场资源、投资改善及管理理念等方面分析非国有股东的董事会权力对混改国企资产运营效率的促进作用。

首先，国企引入非国有资本实现混合所有制的主要方式是非公开发行或转让老股，非国有资本通常以现金形式入股，这就相当于国企发起的一轮股权融资，能够为国企带来大量的现金流入，可增强国企的资金实力，降低融资约束，促进投资项目的开展，进而有助于提高资产运营效率。如中国联通在2017年混改中，通过非公开发行、联通集团老股转让，成功引入处于行业领先地位、与公司具有协同效应的10家战略投资者，其中，向战略投资者定向增发90.37亿股新股，向国有企业结构调整基金转让19.00亿股老股，价格均为6.83元/股。中国联通本轮混改的募集资金总额约780亿元，募集资金将最终投入联通运营公司用于"4G能力提升项目""5G组网技术验证、相关业务使能及网络试商用建设项目"和"创新业务建设项目"。再如在云南白药2016年第一阶段混改中，引入的民营战略投资者新华都向云南白药的控股股东白药控股增资253.7亿元，为白药控股实现规模扩张和发展增量业务提供了资金基础（沈红波 等，2019）。

其次，国有企业涉及的客户群体或业务范围通常较为广泛，相比之下，非国有企业通常由个人创业发展而来，业务范围通常集中在特定地区，或者在特定垂直领域具备领先技术优势，因此，非国有资源能够在纵深维度为国企扩展业务范围，提供技术服务，可进一步扩大国企的客户群体和市场容量，有助于提高国企产品与服务的市场竞争能力，加速存货产品周转，提升资产运营效率。杜瑞等（2016）以高新技术上市公司为对象，研究了技术创新与企业竞争优势的关系，并在产权理论视角下探讨了股权混合度对两者关系的调节效应，结果表明，股权混合能够缓解企业在技术创新过程中的资金和技术压力，进而促进技术创新对企业竞争优势的正向影响作用，证实了股权混合的资源支持效应。

再次，企业新一轮混改要求发挥不同所有制资本的协同效应，参与国企混改的非国有资本大多属于战略投资性质，因此，非国有股东除了委派董事或监事参与国企内部治理外，也会与国企合作开展投资项目，这有助于改善国企一贯被诟病的投资效率低下等问题，通过改变国企的资金用途，提高国企的投资效率，进而提升国企的资产运营效率。殷裕品（2017）探讨了混合所有制企业治理结构对过度投资的影响作用，结果表明，在制衡股东能够对控股股东发挥监督作用的情况下，会降低混合所有制企业过度投资的可能性。有学者的研究证实，在混改国企中，混合主体的制衡度越高，越有助于降低国企的过度投资。同样地，刘放（2015）的研究也表明，在混合所有制企业中，降低大股东控制度有助于提升企业投资效率。此外，罗福凯等（2019）研究了企业股权混合度与研发投资的关系，结果表明，股权混合能够通过发挥资源支持效应提高企业的研发投资水平。

最后，由于制度体制的差异，与国企相比，非国有企业中的管理理念更为灵活。在非国有股东通过委派董事参与国企治理后，由于董事可参与经营决策，因此非国有股东委派的董事能够向国企分享其灵活变通的管理经验，有助于提高国企的资产运营效率。如在对应收账款的管理中，学者研究中分析了现阶段我国国企在应收账款管理方面存在的不足，其中一点是，国企对合作企业的赊销行为需要经过对合作企业的信用评级，但也存在评级体系不完善及行政干预的问题，所以容易导致应收账款的信用政策过于紧缩而不利于销售收入的增长。然而，在上述情况下，当合作企业尚未通过信用评级时，可酌情考虑通过签订合同的方式确定合作企业所需支付的金额及期限，或者在确保坏账损失和经营风险可控的前提下，可以为了提高销售收入而牺牲部分资金的时间价值，实施较为宽松的信用政策，可利用销售收入增长带来的利润增量弥补牺牲的资金时间价值，整体而言，对企业资产保值增值依然发挥促进作用。

2. 资产运营效率与混改国企资产保值增值

企业的生产经营活动是围绕着资产购置、使用与增值的循环过程进行的。资产运营效率能够反映企业对资产的用途配置和利用效率状况。对于一般的工业企业来说，运营的资产主要包括应收账款、存货和固定资产等，因此，资产运营效率具体包括对应收账款、存货和固定资产的运营效率，可通过资产周转率来反映。基于此，本书将资产运营效率与国企资产保值增值的关系分析具体化为对应收账款周转、存货周转和固定资产周转与混改国企资产保值增值的关系分析。

应收账款周转率指的是企业某一期间的主营业务收入与应收账款平均余额的比值，代表应收账款在这一期间的周转次数，能够反映企业对应收账款的运营效率。应收账款产生于企业对客户的赊销行为，是企业为提高销售收入而对客户采取的一种信用政策。从应收账款周转率计算公式的分子来看，应收账款周转率越高，代表主营业务收入越高，而较高的主营业务收入就会创造更多的利润，有助于企业资产增值。从应收账款周转率计算公式的分母来看，应收账款周转率越高，代表应收账款平均余额越低，这一方面表示企业对应收账款的管理效率较高，能够较快地收回较多的应收账款，降低应收账款回收风险，减少坏账损失，有助于促进企业资产保值增值；另一方面也可能是因为企业实施了较为紧缩的信用政策，使应收账款的发生额本身就很小，但一般情况下，在紧缩的信用政策下，销售收入和应收账款会同时减少，即分子分母同时变小，此时的应收账款周转率未必会很大。因此，在既能确保应收款项回收风险可控又不显著降低主营业务收入的前提下，较大的应收账款周转率反映了企业对应收资产较高的运营管理效率，有助于加速企业资金链条的运转，服务于企业价值创造，进而促进资产保值增值。

存货周转率的计算方法有两种：以成本为基础和以收入为基础。其中，成本基础的存货周转率=主营业务成本/存货平均余额×100%；收入基础的存货周转率=主营业务收入/存货平均余额×100%。以成本为基础的存货周转率表示产品生产与销售过程的流动性和周转状况，能够反映企业对原料采购计划、产品生产计划及销售计划整体的把控与安排情况。以成本为基础的存货周转率越大，表示企业对材料采购数量的准确性、采购时机的及时性及对存货管理的效率性均较高，能够减少资金占用，避免资金时间价值的减损及存货积压的损耗，这均有助于促进企业资产保值增值。以收入为基础的存货周转率可以反映产品销售中的盈利性。以收入为基础的存货周转率越高，一方面，代表销售收入较大，说明产品在市场份额占有或者市场定价方面具有优势，产品的变现能力较高，既有助于加速生产经营用资金的回笼速度，提高资金使用效率，也有助于提升企业的利润水平，促进企业资产保值增值。另一方面，以收入为基础的存货周转率较高也可能是由于存货较少，一种原因是企业对存货的管理效率较高，原料采购的数量与时点准确性较高，产品生产计划对接销售状况，导致存货积压较少，这种情况下，存货对资金的占用水平低，有助于缓解企业资金链的紧俏度，能将本可能被占用的资金投入其他的使用渠道，提高资金的价值创造产出，促进企业整体资产的保值增值；另一种原因可能是企业的采购活动难以满足生产需求，导致停工待料，但在这种情况下也会降低收入水平，从而使存货周转率不至于过高。因此，在确保企业的产品生产顺利进行的前提下，较大的存货周转率反映了企业对原料采购和产品生产具有较高的管理效率，避免资金占用和存货积压损耗，且产品在销售中具有一定的市场优势，能够创造更多的利润，这均有助于促进企业资产保值增值。

固定资产周转率指的是企业某一期间的主营业收入与固定资产平均余额的

比值，代表固定资产在这一期间的周转次数，可以反映企业对固定资产的运营效率。固定资产是企业进行生产经营活动必不可少的物质基础，固定资产作为一种长期资产，不能在短期内变现，具有投资性质，且价值金额较大，因此，固定资产运营效率的高低对企业整体资产的运营效率水平具有重要影响。固定资产投资能否如期足额收回及投资效率的高低，均取决于企业对固定资产的使用效率，主要包括针对厂房、设备等固定资产的利用效率。固定资产周转率越高，表示企业对所投资固定资产的利用水平较高，且结构布局越合理，管理水平越好，越能够充分发挥固定资产对企业利润创造的积极作用，促进企业资产保值增值。

综合上述分析，混改国企中非国有股东的董事会权力对资产运营效率发挥正向促进作用，且资产运营效率的提升有助于促进混改国企资产保值增值，因此，资产运营效率在非国有股东的董事会权力与混改国企资产保值增值的关系间发挥中介作用。据此，本书提出以下假设：

H4：在其他条件一定的情况下，资产运营效率在非国有股东的董事会权力与混改国企资产保值增值之间起中介作用。

5.1.2 治理结构视角下经理管理防御的作用路径

随着企业所有权与经营权"两权分离"的出现，经理逐渐掌握了对企业生产经营的实际控制权，并且经理可能产生背离所有者利益取向的控制行为，这是伯勒等（Berle et al., 1932）在其著作《现代公司和私有财产》（*The Modern Corporation and Private Property*）中的观点，为后续学者提出经理管理防御假说明晰了"两权分离"的制度基础。经理管理防御起源于经理人持股比例与企业价值之间的非线性关系，莫克等（Morck et al., 1988）以371家大型美国公司为样本的实证研究认为，经理人持股对公司价值的影响是"利益趋同"与"堑壕防御"两种效应的交叉反应。研究发现，较低的持股比例能激励经理人努力工作提高企业价值，当经理人持股比例超过某一水平时，市场（控制权市场、经理人市场）对经理人的约束水平降低，经理人在企业中的地位会非常稳固，有机会和能力采取追求私人收益而有损企业价值的管理防御行为。在我国社会转型与新经济环境下，不论在国有企业还是民营企业，经理管理防御行为普遍存在（李秉祥 等，2008），防御目的是职位安全和自身利益最大化。经理管理防御产生动机主要来自本身的自利性、专用性人力资本和解雇成本等方面原因。袁春生和杨淑娥（2006）认为主体行为都是在一定的动机下引起的，当经理在面对被接管威胁时更多考虑自身利益的保障程度。陈英等（2015）认为经理人力资本专用性是在工作中积累的专属知识技能，一旦离职，其价值就会减损甚至不复存在，导致经理固守职位。经理被解雇会失去高额薪酬、在职消费和个人声誉及社会地位等，重新寻找工作需要花费成本（Gilson，1989；Nagarajan et al.，1995）。综上，李秉祥等（2007）给出了经理管理防御的定义，认为经理管理防御是指经理在公司内、外部控制机制下，有动机选择一切有利于自己的管理决策并努力追求自身效用最大化的行为或策略。

在现代企业制度下，公司治理结构中股东与经理之间存在第一类代理问题，股东将对经理聘任、考核和监督的权力委托给董事会，并通过委派董事参与企业经营决策对经理实施控制。当董事会的结构发生变化时，必然会对经理的决策行为产生影响，并最终作用于企业的经济后果。因此，本书在治理结构视角下，基于"股东—董事—经理"的委托代理关系链条，从经理管理防御角度分析非国有股东的董事会权力对混改国企资产保值增值的作用路径。

1. 非国有股东的董事会权力与经理管理防御

根据经理管理防御的前期研究成果，影响经理管理防御水平的主要因素包括经理自身因素、公司内部治理机制和外部市场因素三个层面（李秉祥 等，2013）。其中，在公司内部治理机制维度下，经理管理防御的影响因素主要包括股权结构、经理人持股、决策控制机制、经理人管理激励、董事会特征和经理自主度等（白建军 等，2012b），大致可分为激励机制和约束机制两方面。本书所探讨的非国有股东董事会权力属于约束机制中的因素。李秉祥等（2013）在构建经理管理防御指数的理论分析中指出，董事会的有效监督能够缓解经理管理防御水平，而董事会监督的有效性在很大程度上会受到董事会结构的影响。学者们对董事会监督力的衡量通常采用董事会规模（Eisenberg et al.，1998）、独立董事比例及董事会召开次数等变量来代替。在混改国企中，非国有股东通过委派董事参与国企治理，导致混改国企的董事会成员来源结构发生变化，这也成为混改国企治理结构中的一个显著特征。因此，本书分析非国有股东的董事会权力对经理管理防御的影响作用，以探析国企引入非国有资本实施混合所有制后董事会对经理监督力度的变化。

经理的管理防御行为主要包括在职消费、超额薪酬及构建商业帝国等。拉詹等（Rajan et al.，2006）及耶马克（Yermack，2006）在研究中发现，高管拥有的权力空间越大，在职消费越严重，具体包括高档的交通出行工具、奢侈的办公室装饰及高端俱乐部会员资格等。蔡等（Cai et al.，2015）及权小锋等（2010）的研究表明，具有防御动机的经理人会利用自身拥有的权力操纵薪酬委员会，为自己制定与经营绩效并不匹配的超额薪酬，以谋取更多的私有收益。詹森（Jensen，2010）及张海龙和李秉祥（2010a）的研究指出，具有防御动机的经理人为了巩固职位的稳定性，通常会表现出明显的过度投资倾向，加大企业的固定资产投资和长期股权投资，以增加自身控制范围内的投资规模（吴建祥 等，2014），提高谈判力，降低被解雇和被接管的风险。此外，克莱门特等（Clement et al.，2010）将上述经理管理防御行为称为违反委托代理精神的隐性管理防御行为，而将违反法规的关联交易（Zwiebel，1996；Donoher，2009）和贪污受贿（陈信元 等，2009）称为显性管理防御行为。

针对上述经理管理防御行为，学者们从董事会结构角度给出原因解释并提出缓解的思路。有学者的研究表明，董事会监督强度的提升能够降低经理的在职消费水平。内部董事容易受到管理层的支配，在高管薪酬制定上表现出"讨好"CEO 的倾向，造成高管的超额薪酬。孙光国和孙瑞琦（2016）研究董事与经理两职兼任对企业投资效率的影响，结果表明，董事与经理两职兼任会加大经理的实际经营权，对投资效率的降低主要体现为过度投资的增加。陈仕华等（2014）从国企纪委参与董事会监督的角度证实，国企纪委参与董事会治理能够抑制高管的非货币性私有收益。也有文献的研究表明，董事会对经理层的监督力度能够抑制高管腐败。不难看出，提高董事会对经理的监督效率与监督力度是降低经理管理防御行为的有效途径之一。

非国有股东通过委派董事参与国企治理，由于非国有股东具有资本逐利性，而国有股东在追求经济收益的同时还需要兼顾社会收益，甚至政治目标，由此产生了非国有股东与国有股东的异质性。吴建祥和李秉祥（2019）在探讨企业控制权配置特征对经理管理防御的影响作用中得出结论，股权制衡度的提高有助于减弱经理管理防御水平。这表明异质股东之间的相互抗衡有助于提升对经理的监督效应，进而降低经理的在职消费水平。同时，在混改国企中，非国有股东作为外来的战略投资者，所委派的董事不是企业内部董事，不容易受到企业内部管理层的支配，因此在经理的薪酬制定上会更具客观性，可缓解经理的超额薪酬现象。此外，非国有股东向国企委派董事会导致国企董事会规模增加，且由于非国有股东与国有股东的异质性，非国有股东委派的董事会对国企内部兼任董事职位的经理形成一定的制衡作用，使其权力空间回归正常水平，能够缓解由于经理权力过大导致的过度投资现象。最后，非国有股东出于投资安全性的考虑，其在混改国企中的董事会权力越大，越有助于提升国企内部的审计督察力度，对高管腐败行为具有一定的震慑与抑制作用。综上分析可看出，在混改国企中，提高非国有股东的董事会权力能够降低国企的经理管理防御水平。

2. 经理管理防御与混改国企资产保值增值

根据股东、董事会与经理层之间的委托代理关系，经理层掌握着实际的经营管理权，因此，具有防御动机的经理会将其防御动机渗透到管理行为中。琼等（Jong et al.，1998）针对荷兰上市公司探讨了经理管理防御下的增资决策，结果表明，具有防御动机的经理人存在过度投资倾向，经理为避免负债约束而大多采取发行股票的增资方式。伊佐川（Isagawa，2002）考察了管理防御对融资方式选择的影响，表明低能力者和具有较高工作转换成本的经理人对负债风险有着高度的敏感性，更有动机选择股权融资以自我防御。法里尼亚（Farinha，2003）通过实证研究发现，持股超过30%的经理具有支付适当股利以获取私人利益的动机，这与经理管理防御假说的预测相吻合。国内学者的相关研究发现，经理管理防御动机已渗透到企业的投资决策（李秉祥 等，2008；李秉祥 等，

2009)、融资决策（张海龙 等，2010b）、股利分配、薪酬结构（白建军 等，2012a)、现金持有（叶松勤 等，2013）及会计政策选择（王福胜 等，2014；陈英 等，2015；李秉祥 等，2018）等方面。这些研究表明，经理管理防御对企业财务决策产生重要影响，具有普遍性和多样性特征。

  在投资决策方面，具有管理防御动机的经理人会产生过度投资（张海龙 等，2010a）、投资不足（李秉祥 等，2008）、投资短视（李秉祥 等，2019）等非效率投资行为，导致企业投资效率下降，投资收益减少，有损企业价值的提升，阻碍企业资产保值增值。在融资决策方面，具有管理防御动机的经理人为了降低经营风险进而巩固自身职位，通常会倾向于选择股权融资方式，避免债务融资下定期的利息支出对企业现金流产生压力，为自身在职消费或构建"经理帝国"留出更多的可控资源。然而，根据融资优序理论，股权融资方式次于债权融资方式，且股权融资成本不能抵扣企业所得税，因此，经理在融资决策上的管理防御行为会导致企业的融资成本增加，不利于企业资产保值增值。在股利政策方面，有学者的研究指出，经理持股比例越大，经理为获取更多的私人收益，越倾向于多发股利，这会导致企业大量的现金流出，可利用的流动资金减少，容易造成投资机会流失，导致投资效率下降，减损企业价值。在薪酬结构方面，蔡等（Cai et al., 2015）及权小锋等（2010）的研究表明，具有防御动机的经理人会利用自身拥有的权力操纵薪酬委员会，为自己制定与经营绩效并不匹配的超额薪酬，以谋取更多的私有收益，不利于企业价值的提升。在现金持有方面，黄国良等（2013）从人口学特征视角探讨了经理管理防御对现金持有量的影响关系，结果表明，经理管理防御程度越高，现金持有量越高，现金使用效率越低。叶松勤等（2018）的研究证实，经理管理防御程度越高，企业的现金持有价值越低，不利于企业资产运营效率的提高，进而阻碍企业资产保值增值。在会计政策选择上，王福胜和程富（2014）及董盈厚和盖地（2017）的研究一致表明，经理的管理防御程度越高，企业计提资产减值准备的比例越低。陈英等（2015）针对长期资产减值准备计提的会计政策研究发现，经理管理防御水平越高，企业计提长期资产减值准备的可能性越小。具有管理防御动机的经理为了粉饰绩效，降低被解雇风险，选择少计提资产减值准备或少采用长期资产减值计提政策，这均会导致企业账面资产虚增、利润虚增，潜在的经营风险加大，不利于企业的可持续健康发展，长远来看，是有损企业价值的。从上述不同经理管理防御行为的经济后果分析来看，经理管理防御水平越高，越不利于企业资产保值增值。

综合以上分析，非国有股东的董事会权力有助于提高混改国企董事会的监督效率，约束经理的自利行为，降低经理管理防御水平；同时，经理管理防御水平的降低，可减轻经理管理防御行为对企业资产保值增值的阻碍作用。整体来看，非国有股东的董事会权力可通过降低经理管理防御进而促进混改国企的资产保值增值，经理管理防御发挥中介作用。基于此，本书提出以下研究假设：

H5：在其他条件一定的情况下，经理管理防御在非国有股东的董事会权力与混改国企资产保值增值之间起中介作用。

根据上述理论分析构建本章内容的概念模型如图 5.2 所示。

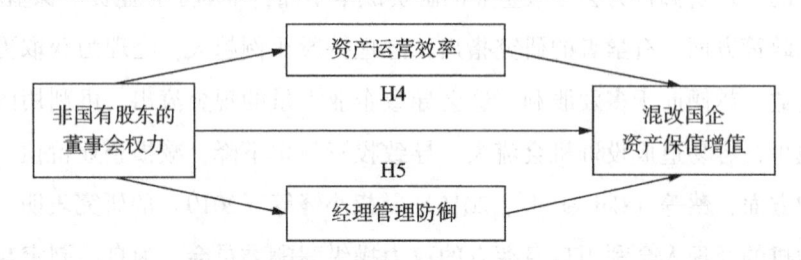

图 5.2　非国有股东的董事会权力对混改国企资产保值增值影响的中介效应概念模型

5.2　实证研究设计

5.2.1　样本选取与数据来源

针对假设 4 和假设 5 实证检验的样本选取与数据来源，与本书第 4 章相同，具体过程参见 4.2.1 节。

5.2.2 变量定义

1. 被解释变量：混改国企资产保值增值（APVA）

混改国企资产保值增值（APVA）的定义过程与4.2.2节相同，具体计算过程见式（4.1）~式（4.7）。

2. 解释变量：非国有股东的董事会权力（ND）

非国有股东的董事会权力（ND）的定义过程与4.2.2节相同，具体计算过程见式（4.8）。

3. 中介变量：资产运营效率（AO）

资产运营效率反映的是企业对资产利用的充分性和有效性。本书选取这一指标作为中介变量，目的在于探讨随着非国有股东董事会权力的增加，非国有资源进入国企后是否发挥了优势互补效应，带动了国有资源利用效率的提升。对资产运营效率的衡量，金碚和李钢（2007）采用总资产周转率衡量资产运营效率，进而分析得出资产运营效率的提高是企业盈利能力提升的重要原因之一。牛芳等（2014）将资产运营效率作为上市公司投资价值评价指标体系中的三大指标之一，其中，对资产运营效率的衡量包括存货周转率、应收账款周转率和总资产周转率。蒋艳辉和冯楚建（2014）在研究管理层讨论与分析对企业未来财务业绩的影响作用中，选取了资产运营效率作为控制变量，而对这一控制变量的衡量则采用了总资产周转率。综合上述相关研究，本书采用总资产周转率衡量资产运营效率，其中，总资产周转率的计算方法如下：

$$总资产周转率 = 主营业务收入 / 平均资产总额 \times 100\% \qquad (5.1)$$

式中：平均资产总额为资产总额年初数与年末数的平均值。

4. 中介变量：经理管理防御（ME）

在企业经营权和所有权"两权分离"的背景下，掌握经营权的经理出于巩固职位或攫取私利的自利动机而产生偏离股东利益最大化的管理防御行为，因此，经理管理防御行为产生于股东与经理之间的第一类代理问题。在以往研究中，对经理管理防御的衡量方法尚未形成一致。英美学者将经理持股比例作为外生变量，用于衡量管理防御水平。这是由于，莫克等（Morck et al.，1988）、麦康奈尔等（Mcconnell et al.，1990）研究发现经理持股比例对企业托宾Q值的影响存在区间效应，他们认为经理持股比例距离防御区间越近，管理防御水平越高。李秉祥等（2013）从经理自身人口学特征、公司内部治理机制和外部市场因素三个层面选取指标构建经理管理防御指数来衡量经理管理防御水平的高低。不难发现，上述研究对经理管理防御的衡量均是基于管理防御的前置影响因素，吴建祥和李秉祥（2019）从经理管理防御的行为后果出发，在代理成本角度下衡量管理防御水平。同时，艾恩等（Ang et al.，2000）、李世辉和雷新途（2008）、杨玉凤等（2010）及李文贵等（2017）在研究中均选取了管理费用率来衡量第一类代理成本，这是由于管理费用中的办公费、差旅费及业务招待费等与管理者的代理行为关系紧密，管理费用率越高，表明经理与股东之间的代理问题越严重（李寿喜，2007）。本书以经理管理防御作为中介变量，考察非国有股东董事会权力对国企资产保值增值的影响路径，目的在于探讨非国有股东董事会权力如何在国企治理结构中发挥对国有大股东的制衡作用及对国企内部经理人的监督作用。因此，对经理管理防御的衡量从行为后果角度选取管理费用率这一指标。管理费用率的计算方法如下：

$$\text{管理费用率} = \text{管理费用}/\text{主营业务收入} \times 100\% \tag{5.2}$$

5. 控制变量

控制变量的定义过程与4.2.2节相同，具体见表4.1。

5.2.3 实证模型构建

在第4章运用实证研究方法检验了非国有股东的董事会权力对混改国企资产保值增值的直接影响作用基础上，为了进一步探究非国有股东的董事会权力发挥治理效应的过程路径，本书选取了中介效应模型。针对中介效应的检验程序，温忠麟等（2004）综合了巴荣等（Baron et al.，1986）的部分中介检验、贾德等（Judd et al.，1981）的完全中介检验及索贝尔（Sobel，1982）的Sobel检验，提出一套完整的检验程序，如图5.3所示。

第5章 非国有股东的董事会权力影响混改国企资产保值增值的路径分析

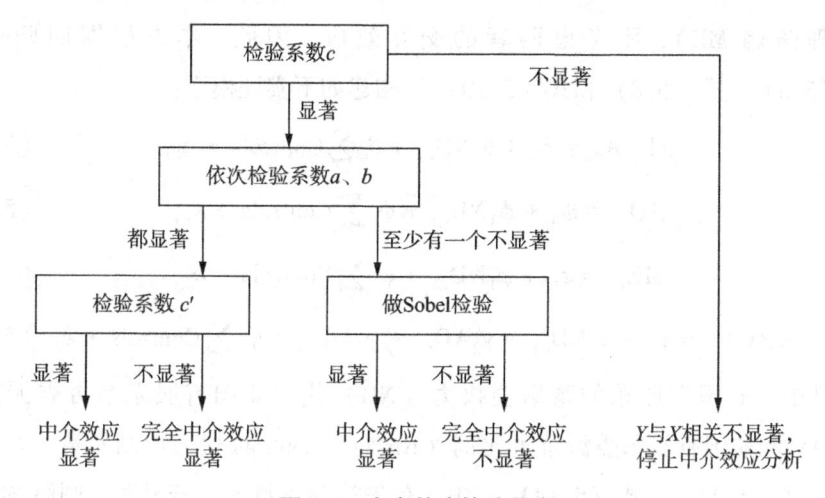

```
            检验系数c
                │
          ┌─────┴─────┐
         显著        不显著
          │             │
    依次检验系数a、b
          │
    ┌─────┴─────┐
   都显著    至少有一个不显著
    │             │
  检验系数c'    做Sobel检验
    │             │
  ┌─┴─┐        ┌─┴─┐
 显著 不显著   显著 不显著
  │    │      │    │
 中介  完全   中介  完全     Y与X相关不显著,
 效应  中介   效应  中介     停止中介效应分析
 显著  效应   显著  效应
       显著        不显著
```

图5.3 中介效应检验程序

上述检验程序对应的回归模型为式（5.3）~式（5.5）：

$$Y = cX + e_1 \tag{5.3}$$

$$M = aX + e_2 \tag{5.4}$$

$$Y = c'X + bM + e_3 \tag{5.5}$$

式中：Y 为被解释变量；X 为解释变量；M 为中介变量。

温忠麟等（2004）还提出，上述检验程序同样适用于包含多个自变量或（和）多个中介变量的模型，只是在这种情况下无须考虑"完全中介"的检验，并以两个自变量(X_1, X_2)和两个中介变量(M_1, M_2)为例，且考虑了交互效应项（X_1X_2 和 M_1M_2），给出对应的回归模型[式（5.6）~式（5.10）]：

$$Y = c_1X_1 + c_2X_2 + c_3X_1X_2 + e_1 \tag{5.6}$$

$$M_1 = a_{11}X_1 + a_{12}X_2 + a_{13}X_1X_2 + e_{12} \tag{5.7}$$

$$M_2 = a_{21}X_1 + a_{22}X_2 + a_{23}X_1X_2 + e_{22} \tag{5.8}$$

$$M_1M_2 = a_{31}X_1 + a_{32}X_2 + a_{33}X_1X_2 + e_{32} \tag{5.9}$$

$$Y = c'_1X_1 + c'_2X_2 + c'_3X_1X_2 + b_1M_1 + b_2M_2 + b_3M_1M_2 + e_3 \tag{5.10}$$

当自变量或中介变量不止一个时，对回归模型的选择需要考虑着重研究的是哪个自变量经过哪个中介变量的中介效应，继而根据图5.3的中介效应检验程序检验系数的显著性。本书研究包括两个中介变量（资产运营效率AO和经理管理防御 ME），不考虑两者的交互效应，因此，本书根据回归模型 [式 (5.6) ~式 (5.8) 和式 (5.10)] 构建如下实证模型：

$$APVA_{i,t} = \delta_0 + \delta_1 ND_{i,t} + \delta_j \sum Controls + \varepsilon_{i,t} \qquad (5.11)$$

$$AO_{i,t} = \phi_0 + \phi_1 ND_{i,t} + \phi_j \sum Controls + \varepsilon_{i,t} \qquad (5.12)$$

$$ME_{i,t} = \varphi_0 + \varphi_1 ND_{i,t} + \varphi_j \sum Controls + \varepsilon_{i,t} \qquad (5.13)$$

$$APVA_{i,t} = \gamma_0 + \gamma_1 ND_{i,t} + \gamma_2 AO_{i,t} + \gamma_3 ME_{i,t} + \gamma_j \sum Controls + \varepsilon_{i,t} \qquad (5.14)$$

其中，非国有股东的董事会权力（ND）代表非国有股东是否委派董事（WND）和非国有股东委派董事比例（RND）；Controls 代表控制变量。在上述模型 [式 (5.11) ~式 (5.14)] 中，首先检验系数 δ_1，若显著，则继续检验系数 ϕ_1、φ_1、γ_2 和 γ_3；若 ϕ_1 和 γ_2 均显著，则说明资产运营效率在非国有股东的董事会权力与混改国企资产保值增值之间发挥中介效应，假设 4 得证；若 φ_1 和 γ_3 均显著，则说明经理管理防御在非国有股东的董事会权力与混改国企资产保值增值之间发挥中介效应，假设 5 得证。

5.3 实证检验及结果分析

5.3.1 描述性统计与相关性分析

1. 描述性统计

表 5.1 列示了本章所涉及主要变量的描述性统计结果。变量 APVA 的均值为 1.004，大于 1，这表明平均来看，混改国企的资产是增值的。变量 WND 的中位数为 0.000，说明在至少一半的混改国企中，非国有股东并未拥有董事会权力；进一步地，变量 WND 的均值为 0.270，意味着仅有 27% 的混改国企中非国有股东在董事会中拥有权力。变量 RND 的均值为 0.086，表明非国有股东在混改国企董事会中的席位占比平均仅为 8.6%，处于较低水平。资产运营效率 AO 的最大值为 4.112，最小值仅为 0.075，相差悬殊，且中位数与均值都小于 1，说明多数样本企业的资产运营效率都处在小于 1 的水平。

表5.1 主要变量描述性统计

变量	样本量	均值	最大值	中位数	最小值	标准差
APVA	2510	1.004	1.429	0.997	0.171	0.151
WND	2510	0.270	1.000	0.000	0.000	0.445
RND	2510	0.086	0.857	0.000	0.000	0.163
AO	2510	0.807	4.112	0.664	0.075	0.605
ME	2510	0.085	0.593	0.066	0.010	0.076
Size	2510	22.379	27.146	22.249	19.960	1.319
Debt	2510	0.473	0.956	0.465	0.019	0.209
Growth	2510	0.142	1.837	0.096	-0.486	0.278
Director	2510	9.130	13.000	9.000	5.000	1.300
Indirector	2510	0.364	0.571	0.333	0.250	0.054
Inst	2510	3.849	19.722	2.624	0.000	3.968

2. 相关性分析

表5.2报告了本章所涉及连续变量之间的Pearson相关性检验结果。混改国企资产保值增值APVA与非国有股东的董事会权力RND显著正相关，非国有股东的董事会权力RND与资产运营效率AO显著正相关，且资产运营效率AO与国企资产保值增值APVA显著正相关，可初步证实资产运营效率在非国有股东的董事会权力与混改国企资产保值增值之间的中介作用。非国有股东的董事会权力RND与经理管理防御ME显著负相关，且经理管理防御ME与国企资产保值增值APVA显著负相关，可初步证实经理管理防御在非国有股东的董事会权力与混改国企资产保值增值之间的中介作用。混改国企资产保值增值APVA、资产运营效率AO和经理管理防御ME均与多数控制变量显著相关，印证了所选控制变量的有效性。

表 5.2　主要变量相关性分析 （$N=2510$）

变量	APVA	RND	AO	ME	Size	Debt	Growth	Director	Indirector	Inst
APVA	1.000									
RND	0.037**	1.000								
AO	0.122***	0.014*	1.000							
ME	-0.136***	-0.055***	-0.397***	1.000						
Size	0.360***	-0.226***	-0.186***	-0.128***	1.000					
Debt	-0.027*	-0.137***	-0.188***	-0.021	0.391***	1.000				
Growth	0.255***	0.032*	-0.018	-0.125***	0.156***	0.141***	1.000			
Director	0.004	-0.282***	-0.003	-0.145***	0.186***	-0.049***	-0.034**	1.000		
Indirector	0.047***	0.071***	-0.098***	0.212***	0.298***	0.228***	0.024	-0.206***	1.000	
Inst	0.369***	-0.228***	0.101***	-0.122***	0.507***	0.154***	0.162***	0.123***	0.187***	1.000

*，**，*** 分别代表 10%，5%，1% 的显著性水平。

5.3.2　作用路径一：资产运营效率

为检验资产运营效率在非国有股东的董事会权力与混改国企资产保值增值之间是否发挥中介效应，本书利用模型[式(5.11)~式(5.14)]进行实证检验，由于解释变量非国有股东董事会权力以非国有股东是否委派董事和委派董事比例两个变量来衡量，为了提高结果汇报的清晰性和简洁性，该检验结果与作用路径二的检验结果共同在表 5.3 和表 5.4 中呈现。其中，表 5.3 中解释变量非国有股东的董事会权力通过 WND 衡量，（3）列和（4）列反映非国有股东的董事会权力对中介变量资产运营效率的影响作用，（7）列是同时考虑直接效应和中介间接效应的总模型；表 5.4 中解释变量非国有股东的董事会权力通过 RND 衡量，表格结构与表 5.3 类似。

表 5.3　中介效应检验结果（解释变量以 WND 衡量）

变量	$APVA_t$		AO_t		ME_t		$APVA_t$
	(1)	(2)	(3)	(4)	(5)	(6)	(7)
WND_t		0.052*** (2.842)		0.090*** (4.460)		-0.203*** (-10.194)	0.044** (2.355)

续表

变量	APVA$_t$ (1)	APVA$_t$ (2)	AO$_t$ (3)	AO$_t$ (4)	ME$_t$ (5)	ME$_t$ (6)	APVA$_t$ (7)
AO$_t$							0.136*** (6.824)
ME$_t$							-0.019** (-2.428)
Size$_t$	0.339*** (15.041)	0.342*** (15.183)	-0.257*** (-10.383)	-0.252*** (-10.193)	-0.138*** (-5.573)	-0.150*** (-6.175)	0.379*** (16.236)
Debt$_t$	-0.210*** (-10.992)	-0.203*** (-10.559)	-0.117*** (-5.588)	-0.105*** (-4.999)	-0.003 (-0.124)	-0.029 (-1.416)	-0.188*** (-9.801)
Growth$_t$	0.193*** (10.950)	0.189*** (10.669)	-0.002 (-0.113)	-0.010 (-0.509)	-0.099*** (-5.114)	-0.082*** (-4.290)	0.192*** (10.884)
Director$_t$	-0.106*** (-5.730)	-0.099*** (-5.309)	-0.002 (-0.098)	0.010 (0.496)	-0.060*** (-2.982)	-0.087*** (-4.371)	-0.098*** (-5.325)
Indirector$_t$	-0.075*** (-3.940)	-0.083*** (-4.350)	-0.043** (-2.081)	-0.058*** (-2.777)	0.258*** (12.383)	0.292*** (14.106)	-0.081*** (-4.090)
Inst$_t$	0.225*** (11.161)	0.237*** (11.515)	0.259*** (11.652)	0.278*** (12.338)	-0.076*** (-3.439)	-0.120*** (-5.415)	0.201*** (9.588)
Constant	0.000 (0.000)	-0.086** (-2.470)	0.000 (0.000)	-0.148*** (-3.876)	0.000 (0.000)	0.332*** (8.859)	-0.072** (-2.057)
Year	控制	控制	控制	控制	控制	控制	控制
Industry	控制	控制	控制	控制	控制	控制	控制
cluster	控制	控制	控制	控制	控制	控制	控制
adj-R^2	0.255	0.257	0.098	0.105	0.101	0.136	0.271
R^2	0.256	0.259	0.100	0.108	0.103	0.139	0.274
ΔR^2	0.256***	0.003***	0.100***	0.008***	0.103***	0.036***	0.015***
F	143.826***	124.783***	46.593***	43.080***	47.777***	57.481***	104.695***
N	2510	2510	2510	2510	2510	2510	2510

*，**，*** 分别代表10%，5%，1%的显著性水平。

表5.4 中介效应检验结果（解释变量以 RND 衡量）

变量	$APVA_t$ (1)	$APVA_t$ (2)	AO_t (3)	AO_t (4)	ME_t (5)	ME_t (6)	$APVA_t$ (7)
RND_t		0.124*** (6.663)		0.101*** (4.953)		−0.160*** (−7.897)	0.034* (2.081)
AO_t							0.147*** (7.386)
ME_t							−0.027*** (−6.919)
$Size_t$	0.339*** (15.041)	0.351*** (15.664)	−0.257*** (−10.383)	−0.250*** (−10.342)	−0.138*** (−5.573)	−0.154*** (−6.266)	0.394*** (16.941)
$Debt_t$	−0.210*** (−10.992)	−0.195*** (−10.229)	−0.117*** (−5.588)	−0.109*** (−5.941)	−0.003 (−0.124)	−0.022 (−1.051)	−0.177*** (−9.305)
$Growth_t$	0.193*** (10.950)	0.183*** (10.436)	−0.002 (−0.113)	−0.008 (−0.317)	−0.099*** (−5.114)	−0.086*** (−4.483)	0.187*** (10.685)
$Director_t$	−0.106*** (−5.730)	−0.078*** (−4.161)	−0.002 (−0.098)	0.008 (0.326)	−0.060*** (−2.982)	−0.096*** (−4.692)	−0.074*** (−3.994)
$Indirector_t$	−0.075*** (−3.940)	−0.088*** (−4.679)	−0.043** (−2.081)	−0.050** (−2.074)	0.258*** (12.383)	0.276*** (13.322)	−0.091*** (−4.711)
$Inst_t$	0.225*** (11.161)	0.246*** (12.137)	0.259*** (11.652)	0.267*** (12.008)	−0.076*** (−3.439)	−0.103*** (−4.637)	0.211*** (10.280)
Constant	0.000 (0.000)	−0.584*** (−6.540)	0.000 (0.000)	−0.006 (−0.057)	0.000 (0.000)	0.758*** (7.752)	−0.609*** (−6.795)
Year	控制	控制	控制	控制	控制	控制	控制
Industry	控制	控制	控制	控制	控制	控制	控制
cluster	控制	控制	控制	控制	控制	控制	控制
adj-R^2	0.255	0.267	0.098	0.106	0.101	0.122	0.283
R^2	0.256	0.269	0.100	0.109	0.103	0.125	0.286
ΔR^2	0.256***	0.013***	0.100***	0.009***	0.103***	0.022***	0.017***
F	143.826***	131.758***	46.593***	44.921***	47.777***	50.865***	111.156***

续表

变量	APVA$_t$		AO$_t$		ME$_t$		APVA$_t$
	(1)	(2)	(3)	(4)	(5)	(6)	(7)
N	2510	2510	2510	2510	2510	2510	2510

*, **, ***分别代表10%, 5%, 1%的显著性水平。

在表5.3中，从（3）列和（4）列的检验结果看，代表模型拟合优度的 F 值在1%水平上显著，表示模型有效；加入 WND 后，代表模型解释力度的调整 R^2（adj-R^2）由0.098增加到0.105；进一步地，WND 的回归系数为0.090，T 值为4.460，在1%水平上显著，说明 WND 对 AO 具有显著的正向影响作用，即非国有股东的董事会权力可正向促进资产运营效率。从（7）列的检验结果看，将中介变量加入模型后，F 值为104.695，在1%水平上显著，且模型的解释力度也由加入中介变量前的0.257提高到0.271，表明加入中介变量提高了模型的解释力度；同时，AO 的回归系数为0.136，T 值为6.824，在1%水平上显著，这表明资产运营效率可正向促进资产保值增值。

在表5.4中，从（3）列和（4）列的检验结果看，F 值在1%水平上显著，表示模型有效；加入 RND 后，调整 R^2（adj-R^2）由0.098增加到0.106；RND 的回归系数为0.101，T 值为4.953，在1%水平上显著，表明 RND 对 AO 具有显著的正向影响作用，即非国有股东的董事会权力可正向促进资产运营效率。从（7）列的检验结果看，F 值为111.156，在1%水平上显著，且调整 R^2（adj-R^2）也由加入中介变量前的0.267提高到0.283，表明加入中介变量提高了模型的解释力度；AO 的回归系数为0.147，T 值为7.386，在1%水平上显著，这表明资产运营效率可正向促进资产保值增值。综上可见，资产运营效率在非国有股东的董事会权力与混改国企资产保值增值之间发挥了中介效应，即非国有股东的董事会权力通过提高资产运营效率，进而促进混改国企资产保值增值，假设4得证。

5.3.3 作用路径二：经理管理防御

利用模型 [式(5.11)~式(5.14)] 检验经理管理防御在非国有股东的董事会权力与混改国企资产保值增值之间是否发挥中介效应，检验结果在表5.3和

表 5.4 中的（5）列、（6）列、（7）列呈现。其中，（5）列和（6）列反映非国有股东的董事会权力对中介变量经理管理防御的影响作用；（7）列是同时考虑直接效应和中介间接效应的总模型。

在表 5.3 中，从（5）列和（6）列的检验结果看，F 值在 1% 水平上显著，表示模型有效；加入 WND 后，代表模型解释力度的调整 R^2（adj-R^2）由 0.101 增加到 0.136；且 WND 的回归系数为 -0.203，T 值为 -10.194，在 1% 水平上显著，说明 WND 对 ME 具有显著的负向影响作用。从（7）列的检验结果看，将中介变量加入模型后，F 值为 104.695，在 1% 水平上显著，且模型的解释力度也由加入中介变量前的 0.257 提高到 0.271，表明加入中介变量提高了模型的解释力度；ME 的回归系数为 -0.019，T 值为 -2.428，在 5% 水平上显著，这表明经理管理防御会对资产保值增值产生负向抑制作用。

在表 5.4 中，从（5）列和（6）列的检验结果看，F 值在 1% 水平上显著，表示模型有效；加入 RND 后，调整 R^2（adj-R^2）由 0.101 增加到 0.122；进一步地，RND 的回归系数为 -0.160，T 值为 -7.897，在 1% 水平上显著，说明 RND 对 ME 具有显著的负向影响作用。从（7）列的检验结果看，将中介变量加入模型后，F 值为 111.156，在 1% 水平上显著，且模型的解释力度也由加入中介变量前的 0.267 提高到 0.283，表明加入中介变量提高了模型的解释力度；ME 的回归系数为 -0.027，T 值为 -6.919，在 1% 水平上显著，这表明经理管理防御会对资产保值增值产生负向抑制作用。综合来看，经理管理防御在非国有股东的董事会权力与国企资产保值增值之间发挥了中介效应，即非国有股东的董事会权力通过降低经理管理防御，进而促进混改国企资产保值增值，假设 5 得证。

根据实证结论，进行如下分析：

在股东资源视角下，非国有股东在混改国企中拥有董事会权力，意味着非国有股东拥有对国企比较重要的优势资源，可为国企提供资源支持，故在国企董事席位争夺的谈判中具有优势，从而能够获得在董事会中的话语权。随着非国有资本进入国企，非国有股东的优势资源随之能够为国企所用，为国有资源与非国有资源优势互补效应的发挥提供了有利条件。通常认为，非国有资源的优势体现在决策效率高、市场感知力灵敏、经营效率高及创新意识较强等方面，可弥补国企管理体制僵化、内部人控制、经营效率低及缺乏创新意识等劣势。因此，国企引入非国有资本，一方面，在资源获取上，国企能够获得与自身优势互补的资源；另一方面，在资源利用过程中，非国有资源的高效率也能够作用于国有资源，从而提高国企的资源利用效率、加速资产周转，提升混改国企资产运营效率，并最终促进资产保值增值。

在治理结构视角下，非国有股东在国企董事会拥有权力后，出于非国有资本的逐利性，非国有股东有动力且有能力参与国企的董事会治理，这能够缓解国企的"董事虚置"现象，弥补"监督缺位"问题，可加强股东通过董事会对内部经理层的监督约束。当国企董事对经理层自利行为选择默认甚至合谋时，经理的行为空间或权力空间被无形放大，会诱导经理实施管理防御行为。非国有股东拥有董事会权力能够使国企董事会实现职能回归，对经理实施考核和监督，进而约束经理进行管理防御的权力空间。此外，出于投资安全性的考虑，非国有股东在混改国企的董事会中拥有权力后，会加强国企内部的审计督察力度，这对经理实施管理防御行为具有一定的震慑与抑制作用。可见，非国有股东董事会权力能够通过积极发挥监督约束作用，抑制经理管理防御行为，从而降低经理管理防御对企业价值的减损，最终有助于促进混改国企资产保值增值。

5.4 稳健性检验

为提高研究结论的可靠性，对本章的实证结果进行稳健性检验，检验方法包括更换变量衡量方法、更换样本，以及采用 Process 插件的 Bootstrap 分析方法代替逐步法检验中介效应。

5.4.1 更换变量衡量方法

与第 4 章类似，在更换变量衡量方法的稳健性检验中，将被解释变量的衡量方法更换为《国有资产保值增值考核试行办法》中提出的国有资产保值增值率（期末所有者权益/期初所有者权益×100%），记为 APVA_1。按照前文实证模型，以 APVA_1 为被解释变量，重新检验假设 4 和假设 5，结果见表 5.5 和表 5.6。

表5.5 中介效应更换变量衡量方法的稳健性检验（解释变量以WND衡量）

变量	APVA_1$_t$		AO$_t$		ME$_t$		APVA_1$_t$
	(1)	(2)	(3)	(4)	(5)	(6)	(7)
WND$_t$		0.097***		0.090***		-0.203***	0.089***
		(4.720)		(4.460)		(-10.194)	(2.355)
AO$_t$							0.103***
							(4.602)
ME$_t$							-0.086***
							(-3.778)
Size$_t$	0.025	0.031	-0.257***	-0.252***	-0.138***	-0.150***	-0.008
	(1.010)	(1.243)	(-10.383)	(-10.193)	(-5.573)	(-6.175)	(-0.292)
Debt$_t$	-0.039*	-0.026	-0.117***	-0.105***	-0.003	-0.029	-0.039*
	(-1.812)	(-1.208)	(-5.588)	(-4.999)	(-0.124)	(-1.416)	(-1.826)
Growth$_t$	0.187***	0.178***	-0.002	-0.010	-0.099***	-0.082***	0.170***
	(9.441)	(9.024)	(-0.113)	(-0.509)	(-5.114)	(-4.290)	(8.612)
Director$_t$	-0.023	-0.010	-0.002	0.010	-0.060***	-0.087***	-0.017
	(-1.139)	(-0.506)	(-0.098)	(0.496)	(-2.982)	(-4.371)	(-0.820)
Indirector$_t$	0.133***	0.117***	-0.043**	-0.058***	0.258***	0.292***	0.136***
	(6.273)	(5.461)	(-2.081)	(-2.777)	(12.383)	(14.106)	(6.128)
Inst$_t$	0.075***	0.095***	0.259***	0.278***	-0.076***	-0.120***	0.114***
	(3.301)	(4.165)	(11.652)	(12.338)	(-3.439)	(-5.415)	(4.843)
Constant	0.000	-0.159***	0.000	-0.148***	0.000	0.332***	-0.146***
	(0.000)	(-4.101)	(0.000)	(-3.876)	(0.000)	(8.859)	(-3.716)
Year	控制	控制	控制	控制	控制	控制	控制
Industry	控制	控制	控制	控制	控制	控制	控制
cluster	控制	控制	控制	控制	控制	控制	控制
adj-R^2	0.068	0.076	0.098	0.105	0.101	0.136	0.084
R^2	0.070	0.079	0.100	0.108	0.103	0.139	0.088
ΔR^2	0.070***	0.009***	0.100***	0.008***	0.103***	0.036***	0.009***
F	31.555***	30.459***	46.593***	43.080***	47.777***	57.481***	26.706***
N	2510	2510	2510	2510	2510	2510	2510

*，**，***分别代表10%，5%，1%的显著性水平。

表5.6 中介效应更换变量衡量方法的稳健性检验（解释变量以RND衡量）

变量	APVA_1$_t$ (1)	(2)	AO$_t$ (3)	(4)	ME$_t$ (5)	(6)	APVA_1$_t$ (7)
RND$_t$		0.116*** (5.569)		0.101*** (4.953)		−0.160*** (−7.897)	0.102*** (4.869)
AO$_t$							0.095*** (4.219)
ME$_t$							−0.084*** (−3.712)
Size$_t$	0.025 (1.010)	0.037 (1.467)	−0.257*** (−10.383)	−0.250*** (−10.342)	−0.138*** (−5.573)	−0.154*** (−6.266)	0.001 (0.016)
Debt$_t$	−0.039* (−1.812)	−0.025 (−1.157)	−0.117*** (−5.588)	−0.109*** (−5.941)	−0.003 (−0.124)	−0.022 (−1.051)	−0.038* (−1.754)
Growth$_t$	0.187*** (9.441)	0.177*** (8.988)	−0.002 (−0.113)	−0.008 (−0.317)	−0.099*** (−5.114)	−0.086*** (−4.483)	0.170*** (8.598)
Director$_t$	−0.023 (−1.139)	0.002 (0.115)	−0.002 (−0.098)	0.008 (0.326)	−0.060*** (−2.982)	−0.096*** (−4.692)	−0.006 (−0.279)
Indirector$_t$	0.133*** (6.273)	0.120*** (5.663)	−0.043** (−2.081)	−0.050** (−2.074)	0.258*** (12.383)	0.276*** (13.322)	0.139*** (6.349)
Inst$_t$	0.075*** (3.301)	0.094*** (4.126)	0.259*** (11.652)	0.267*** (12.008)	−0.076*** (−3.439)	−0.103*** (−4.637)	0.110*** (4.718)
Constant	0.000 (0.000)	−0.547*** (−5.466)	0.000 (0.000)	−0.006 (−0.057)	0.000 (0.000)	0.758*** (7.752)	−0.484*** (−4.782)
Year	控制	控制	控制	控制	控制	控制	控制
Industry	控制	控制	控制	控制	控制	控制	控制
cluster	控制	控制	控制	控制	控制	控制	控制
adj-R^2	0.068	0.079	0.098	0.106	0.101	0.122	0.086
R^2	0.070	0.082	0.100	0.109	0.103	0.125	0.090
ΔR^2	0.070***	0.012***	0.100***	0.009***	0.103***	0.022***	0.008***
F	31.555***	31.802***	46.593***	44.921***	47.777***	50.865***	27.383***
N	2510	2510	2510	2510	2510	2510	2510

*，**，***分别代表10%，5%，1%的显著性水平。

在表 5.5 中，解释变量非国有股东董事会权力通过 WND 衡量，从（4）列和（6）列的检验结果看，WND 的回归系数均在 1% 水平上显著。从（7）列的检验结果看，中介变量 AO 和 ME 的回归系数显著性水平均为 1%。可见，资产运营效率 AO 和经理管理防御 ME 均发挥了中介效应，与前文假设检验结果一致。

在表 5.6 中，解释变量非国有股东的董事会权力通过 RND 衡量，从（4）列和（6）列的检验结果看，RND 的回归系数均在 1% 水平上显著。从（7）列的检验结果看，中介变量 AO 和 ME 的回归系数显著性水平均为 1%。因此，资产运营效率 AO 和经理管理防御 ME 均发挥了中介效应，表明在更换被解释变量的衡量方法后前文研究结论依然保持不变。

5.4.2 更换样本

为提高研究结论的可靠性，本书还通过更换样本的方法进行稳健性检验。以 2013 年党的十八届三中全会倡导"积极发展混合所有制经济"为政策节点，剔除了 2013 年以前的样本，按照前文实证模型重新检验假设 4 和假设 5，结果见表 5.7 和表 5.8。

在表 5.7 中，解释变量非国有股东的董事会权力通过 WND 衡量，从（4）列和（6）列的检验结果看，WND 的回归系数均在 1% 水平上显著。从（7）列的检验结果看，中介变量 AO 和 ME 的回归系数显著性水平均为 1%。因此，资产运营效率 AO 和经理管理防御 ME 均发挥了中介效应，与前文假设检验结果一致。

在表 5.8 中，解释变量非国有股东的董事会权力通过 RND 衡量，从（4）列和（6）列的检验结果看，RND 的回归系数均在 1% 水平上显著。从（7）列的检验结果看，中介变量 AO 和 ME 的回归系数分别在 1% 和 5% 水平上显著。因此，资产运营效率 AO 和经理管理防御 ME 均发挥了中介效应，与前文假设检验结果一致。

表 5.7　中介效应更换样本的稳健性检验（解释变量以 WND 衡量）

变量	APVA_1$_t$ (1)	APVA_1$_t$ (2)	AO$_t$ (3)	AO$_t$ (4)	ME$_t$ (5)	ME$_t$ (6)	APVA_1$_t$ (7)
WND$_t$		0.049** (2.213)		0.090*** (3.617)		−0.204*** (−8.347)	0.040* (1.768)
AO$_t$							0.129*** (5.404)
ME$_t$							−0.011*** (−2.441)
Size$_t$	0.330*** (11.987)	0.333*** (12.090)	−0.271*** (−8.783)	−0.266*** (−8.639)	−0.145*** (−4.707)	−0.156*** (−5.179)	0.369*** (12.883)
Debt$_t$	−0.198*** (−8.572)	−0.191*** (−8.254)	−0.116*** (−4.478)	−0.105*** (−4.026)	0.004 (0.168)	−0.021 (−0.835)	−0.178*** (−7.677)
Growth$_t$	0.191*** (9.001)	0.187*** (8.781)	−0.002 (−0.101)	−0.010 (−0.420)	−0.094*** (−3.988)	−0.077*** (−3.316)	0.189*** (8.924)
Director$_t$	−0.097*** (−4.337)	−0.090*** (−4.000)	−0.010 (−0.393)	0.003 (0.103)	−0.060** (−2.399)	−0.088*** (−3.562)	−0.090*** (−3.992)
Indirector$_t$	−0.070*** (−3.064)	−0.078*** (−3.374)	−0.042 (−1.626)	−0.056** (−2.174)	0.260*** (10.239)	0.293*** (11.616)	−0.074*** (−3.096)
Inst$_t$	0.220*** (9.120)	0.231*** (9.388)	0.256*** (9.448)	0.276*** (10.014)	−0.070*** (−2.615)	−0.115*** (−4.283)	0.197*** (7.834)
Constant	0.008 (0.376)	−0.073* (−1.739)	0.004 (0.192)	−0.144*** (−3.051)	−0.009 (−0.398)	0.326*** (7.059)	−0.058* (−1.773)
Year	控制	控制	控制	控制	控制	控制	控制
Industry	控制	控制	控制	控制	控制	控制	控制
cluster	控制	控制	控制	控制	控制	控制	控制
adj-R^2	0.246	0.247	0.100	0.107	0.099	0.134	0.261
R^2	0.248	0.250	0.103	0.110	0.102	0.138	0.265
ΔR^2	0.248***	0.002***	0.103***	0.007***	0.102***	0.036***	0.015***
F	92.588***	80.244***	32.320***	29.771***	31.808***	38.330***	67.321***
N	1503	1503	1503	1503	1503	1503	1503

*，**，*** 分别代表 10%，5%，1% 的显著性水平。

表5.8 中介效应更换样本的稳健性检验（解释变量以 RND 衡量）

变量	APVA_1$_t$ (1)	APVA_1$_t$ (2)	AO$_t$ (3)	AO$_t$ (4)	ME$_t$ (5)	ME$_t$ (6)	APVA_1$_t$ (7)
RND$_t$		0.114*** (5.012)		0.102*** (4.457)		−0.162*** (−6.381)	0.119*** (5.173)
AO$_t$							0.139*** (5.830)
ME$_t$							−0.025** (−2.014)
Size$_t$	0.330*** (11.987)	0.341*** (12.433)	−0.271*** (−8.783)	−0.272*** (−8.758)	−0.145*** (−4.707)	−0.160*** (−5.254)	0.383*** (13.394)
Debt$_t$	−0.198*** (−8.572)	−0.185*** (−8.029)	−0.116*** (−4.478)	−0.116*** (−4.457)	0.004 (0.168)	−0.014 (−0.534)	−0.168*** (−7.330)
Growth$_t$	0.191*** (9.001)	0.182*** (8.598)	−0.002 (−0.101)	−0.002 (−0.094)	−0.094*** (−3.988)	−0.082*** (−3.468)	0.184*** (8.758)
Director$_t$	−0.097*** (−4.337)	−0.072*** (−3.137)	−0.010 (−0.393)	−0.010 (−0.399)	−0.060** (−2.399)	−0.096*** (−3.792)	−0.068*** (−2.984)
Indirector$_t$	−0.070*** (−3.064)	−0.082*** (−3.594)	−0.042 (−1.626)	−0.041 (−1.609)	0.260*** (10.239)	0.277*** (10.971)	−0.083*** (−3.541)
Inst$_t$	0.220*** (9.120)	0.240*** (9.875)	0.256*** (9.448)	0.256*** (9.309)	−0.070*** (−2.615)	−0.098*** (−3.644)	0.207*** (8.386)
Constant	0.008 (0.376)	−0.534*** (−4.851)	0.004 (0.192)	0.013 (0.108)	−0.009 (−0.398)	0.757*** (6.191)	−0.554*** (−5.018)
Year	控制	控制	控制	控制	控制	控制	控制
Industry	控制	控制	控制	控制	控制	控制	控制
cluster	控制	控制	控制	控制	控制	控制	控制
adj-R^2	0.246	0.256	0.098	0.100	0.099	0.119	0.271
R^2	0.248	0.259	0.100	0.103	0.102	0.123	0.275
ΔR^2	0.248***	0.011***	0.100***	0.003***	0.102***	0.021***	0.016***
F	92.588***	84.087***	32.320***	27.688***	31.808***	33.724***	70.888***
N	1503	1503	1503	1503	1503	1503	1503

*，**，*** 分别代表10%，5%，1%的显著性水平。

5.4.3 更换中介效应的检验方法

许水平和尹继东（2014）介绍了中介效应的四种主要检验方法，包括因果分析法（逐步检验法）、系数相乘法（Sobel 检验）、Bootstrap 法和乘积分布法，其中最常用的检验方法是因果分析法（温忠麟 等，2014），也就是前文采用的中介效应检验方法。随着检验方法在不同研究问题中的应用，学者们不断地对此进行改进。方杰等（2012）在回顾比较了中介效应的多种检验方法后，推荐使用偏差校正的百分位 Bootstrap 法对中介效应进行检验。本书采用海耶斯（Hayes，2013）开发的 SPSS Process 插件的 Bootstrap 分析方法对前文的中介效应进行稳健性检验。本研究在非国有股东的董事会权力与混改国企资产保值增值之间考察了两个中介变量的作用，按照陈瑞等（2013）针对"使用 Bootstrap 检验多个并列中介变量的操作方法"，设定模型数量 Model Number 为 4，抽样次数 Bootstrap Samples 为 5000，置信度为 95%，Bootstrap 取样方法选择偏差校正的非参数百分位法，并在 Options 中勾选"对比间接效应"，即 Compare indirect effects（models 4 and 6 only）。以 WND 和 RND 衡量解释变量，分别得出如下数据结果。

结果 1：中介效应 Bootstrap 检验输出结果（解释变量以 WND 衡量）

```
Run MATRIX procedure：
PROCESS Procedure for SPSS Release 2.12
Written by Andrew F. Hayes, Ph.D.        www.afhayes.com
Documentation available in Hayes (2013).  www.guilford.com/p/hayes3
```

```
Model = 4
Y = APVA   X = WND   M1 = AO   M2 = ME
Statistical Controls：
CONTROL = Size Debt Growth Director Indirector Inst Year Industry
Sample size：2510
```

```
Outcome：AO
Model Summary
```

	R	R-sq	MSE	F	df1	df2	p
	.3369	.1135	.8897	35.5700	9.0000	2500.0000	.0000

Model

	coeff	se	t	p	LLCI	ULCI
constant	52.1866	14.7914	3.5282	.0004	23.1820	81.1912
WND	.0936	.0202	4.6357	.0000	.0540	.1331
Size	-.2222	.0280	-7.9311	.0000	-.2771	-.1672
Debt	-.1253	.0218	-5.7481	.0000	-.1680	-.0825
Growth	-.0152	.0194	-.7822	.4342	-.0533	.0229
Director	.0091	.0206	.4430	.6578	-.0313	.0496
Indirector	-.0625	.0210	-2.9748	.0030	-.1036	-.0213
Inst	.2679	.0228	11.7495	.0000	.2232	.3126
Year	-.0260	.0073	-3.5437	.0004	-.0404	-.0116
Industry	.0044	.0030	1.4546	.1459	-.0015	.0103

Outcome: ME

Model Summary

	R	R-sq	MSE	F	df1	df2	p
	.4274	.1827	.8304	62.0961	9.0000	2500.0000	.0000

Model

	coeff	se	t	p	LLCI	ULCI
constant	-114.0358	14.2906	-7.9798	.0000	-142.0584	-86.0132
WND	-.2128	.0195	-10.9147	.0000	-.2511	-.1746
Size	-.2963	.0271	-10.9476	.0000	-.3493	-.2432
Debt	.0244	.0211	1.1579	.2470	-.0169	.0657
Growth	-.0915	.0188	-4.8738	.0000	-.1283	-.0547
Director	-.1194	.0200	-5.9865	.0000	-.1586	-.0803
Indirector	.2973	.0203	14.6554	.0000	.2575	.3371
Inst	-.0935	.0220	-4.2430	.0000	-.1367	-.0503
Year	.0567	.0071	7.9841	.0000	.0428	.0706
Industry	.0243	.0029	8.3434	.0000	.0186	.0300

Outcome: APVA

Model Summary

R	R-sq	MSE	F	df1	df2	p
.5341	.2852	.7179	90.6138	11.0000	2498.0000	.0000

Model

	coeff	se	t	p	LLCI	ULCI
constant	3.4640	13.4554	.2574	.7969	−22.9209	29.8489
AO	.1044	.0200	5.2240	.0000	.0652	.1436
ME	−.0444	.0207	−2.1463	.0319	−.0850	−.0038
WND	.0337	.0186	1.8149	.0697	−.0027	.0701
Size	.3304	.0267	12.3620	.0000	.2780	.3828
Debt	−.1931	.0197	−9.7951	.0000	−.2318	−.1545
Growth	.1790	.0176	10.1850	.0000	.1446	.2135
Director	−.1221	.0187	−6.5262	.0000	−.1587	−.0854
Indirector	−.0676	.0197	−3.4313	.0006	−.1063	−.0290
Inst	.2078	.0210	9.8717	.0000	.1665	.2490
Year	−.0019	.0067	−.2786	.7806	−.0150	.0112
Industry	.0170	.0028	6.1389	.0000	.0115	.0224

DIRECT AND INDIRECT EFFECTS

Direct effect of X on Y

Effect	SE	t	p	LLCI	ULCI
.0337	.0186	1.8149	.0697	−.0027	.0701

Indirect effect of X on Y

	Effect	Boot SE	BootLLCI	BootULCI
TOTAL	.0192	.0045	.0117	.0294
AO	.0098	.0023	.0059	.0152
ME	.0094	.0047	.0012	.0199
(C1)	.0004	.0059	−.0120	.0115

Specific indirect effect contrast definitions

(C1)   AO   minus   ME

ANALYSIS NOTES AND WARNINGS

Number of bootstrap samples for bias corrected bootstrap confidence intervals：

    5000

Level of confidence for all confidence intervals in output：

    95.00

NOTE：Some cases were deleted due to missing data. The number of such cases was：

    1045997

------ END MATRIX -----

结果2：中介效应Bootstrap检验输出结果（解释变量以RND衡量）

Run MATRIX procedure：

PROCESS Procedure for SPSS Release 2.12

Written by Andrew F. Hayes, Ph. D.   www.afhayes.com

Documentation available in Hayes (2013). www.guilford.com/p/hayes3

Model = 4

Y = APVA X = RND M1 = AO M2 = ME

Statistical Controls：

CONTROL= Size Debt Growth Director Indirector Inst Year Industry

Sample size：2510

Outcome：AO

Model Summary

R	R-sq	MSE	F	df1	df2	p
.3423	.1172	.8973	36.8616	9.0000	2500.0000	.0000

Model

	coeff	se	t	p	LLCI	ULCI
constant	49.1005	14.8561	3.3051	.0010	19.9690	78.2321
RND	.1045	.0205	5.0842	.0000	.0642	.1448
Size	-.2299	.0282	-8.1516	.0000	-.2852	-.1746
Debt	-.1358	.0219	-6.2120	.0000	-.1787	-.0929

第5章 非国有股东的董事会权力影响混改国企资产保值增值的路径分析

Growth	-.0074	.0195	-.3805	.7036	-.0457	.0308
Director	-.0028	.0211	-.1316	.8953	-.0441	.0386
Indirector	-.0472	.0209	-2.2551	.0242	-.0883	-.0062
Inst	.2493	.0227	10.9648	.0000	.2047	.2939
Year	-.0244	.0074	-3.3109	.0009	-.0389	-.0100
Industry	.0045	.0030	1.4979	.1343	-.0014	.0105

Outcome: ME

Model Summary

R	R-sq	MSE	F	df1	df2	p
.4168	.1738	.8479	58.4169	9.0000	2500.0000	.0000

Model

	coeff	se	t	p	LLCI	ULCI
constant	-113.3629	14.4413	-7.8499	.0000	-141.6810	-85.0448
RND	-.1790	.0200	-8.9624	.0000	-.2182	-.1399
Size	-.3097	.0274	-11.2948	.0000	-.3635	-.2559
Debt	.0364	.0213	1.7126	.0869	-.0053	.0781
Growth	-.1003	.0190	-5.2883	.0000	-.1375	-.0631
Director	-.1279	.0205	-6.2384	.0000	-.1680	-.0877
Indirector	.2838	.0204	13.9424	.0000	.2439	.3237
Inst	-.0833	.0221	-3.7706	.0002	-.1267	-.0400
Year	.0566	.0072	7.8870	.0000	.0425	.0707
Industry	.0241	.0029	8.1716	.0000	.0183	.0298

Outcome: APVA

Model Summary

R	R-sq	MSE	F	df1	df2	p
.5452	.2972	.7059	96.0318	11.0000	2498.0000	.0000

Model

	coeff	se	t	p	LLCI	ULCI
constant	5.3318	13.3383	.3997	.6894	-20.8235	31.4870
AO	.1024	.0199	5.1392	.0000	.0633	.1414

ME	-.0546	.0205	-2.6640	.0078	-.0948	-.0144
RND	.1030	.0185	5.5589	.0000	.0666	.1393
Size	.3389	.0267	12.6847	.0000	.2865	.3912
Debt	-.1847	.0195	-9.4502	.0000	-.2231	-.1464
Growth	.1713	.0174	9.8224	.0000	.1371	.2054
Director	-.1014	.0189	-5.3713	.0000	-.1385	-.0644
Indirector	-.0721	.0194	-3.7230	.0002	-.1100	-.0341
Inst	.2180	.0207	10.5532	.0000	.1775	.2585
Year	-.0030	.0066	-.4569	.6478	-.0160	.0100
Industry	.0169	.0027	6.1659	.0000	.0115	.0223

DIRECT AND INDIRECT EFFECTS

Direct effect of X on Y

Effect	SE	t	p	LLCI	ULCI
.1030	.0185	5.5589	.0000	.0666	.1393

Indirect effect of X on Y

	Effect	Boot SE	BootLLCI	BootULCI
TOTAL	.0205	.0039	.0133	.0285
AO	.0107	.0026	.0061	.0163
ME	.0098	.0040	.0026	.0182
(C1)	.0009	.0055	-.0099	.0115

Specific indirect effect contrast definitions

(C1)　　AO　　minus　　ME

ANALYSIS NOTES AND WARNINGS

Number of bootstrap samples for bias corrected bootstrap confidence intervals:

　　5000

Level of confidence for all confidence intervals in output:

　　95.00

NOTE: Some cases were deleted due to missing data. The number of such cases was:

　　1045997

------ END MATRIX -----

结果 1 给出的数据结果除了 Process 插件的版本信息和运行的参数设定外，其余可分为四部分：Bootstrap 检验结果及模型 [式(5.12) ~ 式(5.14)]（分别为 Outcome：AO、Outcome：ME、Outcome：APVA 部分）的检验结果。Bootstrap 检验结果在结果 1 中的第四部分（DIRECT AND INDIRECT EFFECTS），在 95% 的置信水平下，资产运营效率 AO 发挥中介效应的置信区间为（LLCI = 0.0059，ULCI = 0.0152），经理管理防御 ME 发挥中介效应的置信区间为（LLCI = 0.0012，ULCI = 0.0199），均不包含 0。因此，资产运营效率和经理管理防御的中介效应显著，与前文研究假设的检验结果一致。进一步地看，资产运营效率 AO 和经理管理防御 ME 的中介效应值分别为 0.0098 和 0.0094，两者的中介效应不存在显著差异，因为两者差值的置信区间（LLCI = -0.0120，ULCI = 0.0115）包含 0，总的中介效应值为两者之和 0.0192。

结果 1 中的前三部分 "Outcome：AO" "Outcome：ME" 和 "Outcome：APVA" 分别是模型 [式(5.12) ~ 式(5.14)] 的检验结果，这三部分与第四部分的 Bootstrap 检验结果存在内在联系。将这三部分检验结果对应于模型 [式(5.12) ~ 式(5.14)]，$\phi_1 = 0.0936$，$\varphi_1 = -0.2128$，$\gamma_2 = 0.1044$，$\gamma_3 = -0.0444$，且均在 5% 的水平上显著，据此可计算资产运营效率 AO 的中介效应值为 ϕ_1 与 γ_2 的乘积 0.0098，经理管理防御 ME 的中介效应值为 φ_1 与 γ_3 的乘积 0.0094，与 Bootstrap 的检验结果一致。

与结果 1 的分析类似，结果 2 的第四部分（DIRECT AND INDIRECT EFFECTS）中，在 95% 的置信水平下，资产运营效率 AO 发挥中介效应的置信区间为（LLCI = 0.0061，ULCI = 0.0163），经理管理防御 ME 发挥中介效应的置信区间为（LLCI = 0.0026，ULCI = 0.0182），均不包含 0。因此，资产运营效率和经理管理防御的中介效应显著，与前文研究假设的检验结果一致。进一步地看，资产运营效率 AO 和经理管理防御 ME 的中介效应值分别为 0.0107 和 0.0098，两者的中介效应不存在显著差异，因为两者差值的置信区间（LLCI = -0.0099，ULCI = 0.0115）包含 0，总的中介效应值为两者之和 0.0205。

根据结果 2 中的前三部分 "Outcome：AO" "Outcome：ME" 和 "Outcome：APVA" 的检验结果，对应于模型 [式(5.12) ~ 式(5.14)]，$\phi_1 = 0.1045$，$\varphi_1 = $

-0.1790，$\gamma_2 = 0.1024$，$\gamma_3 = -0.0546$，且均在 1% 的水平上显著，据此可计算资产运营效率 AO 的中介效应值为 ϕ_1 与 γ_2 的乘积 0.0107，经理管理防御 ME 的中介效应值为 φ_1 与 γ_3 的乘积 0.0098，与 Bootstrap 的检验结果一致。

5.5 本章小结

本章从资产运营效率和经理管理防御两个角度，考察了非国有股东的董事会权力对混改国企资产保值增值影响的中介效应，以明晰非国有股东的董事会权力对混改国企资产保值增值发挥影响作用的内在过程与路径。在搜集样本企业数据并构建线性回归模型的基础上，对理论分析形成的研究假设进行实证检验，其中，对中介效应的检验采用了以往文献中常用的逐步检验法。实证结果表明，非国有股东的董事会权力有助于提升资产运营效率，进而促进混改国企资产保值增值，即资产运营效率在非国有股东的董事会权力与混改国企资产保值增值之间发挥中介效应；非国有股东的董事会权力可抑制经理管理防御，进而促进混改国企资产保值增值，即经理管理防御在非国有股东的董事会权力与混改国企资产保值增值之间发挥中介效应。上述实证检验结果在更换变量衡量方法、更换样本及更换中介效应检验方法后依然保持不变，说明研究结论具有一定的稳健性。最后，在更换中介效应检验方法的稳健性检验中，Bootstrap 检验结果给出了资产运营效率与经理管理防御的中介效应强度比较，结果显示，两者的中介效应强度无显著差异。这表明，非国有股东进入国企后，对国企资源配置效率的提升作用和对国企内部治理结构的完善作用不存在显著差异，为从股东资源与治理结构双视角认知非国有资本参与国企混改的治理效应提供了经验依据。

第6章　非国有股东的董事会权力与混改国企资产保值增值：国有股东控制度的调节作用

本书的研究重点是探讨非国有股东的董事会权力对混改国企资产保值增值的影响作用，前两章分别在理论分析的基础上运用实证研究的方法验证了非国有股东的董事会权力对混改国企资产保值增值的直接影响效应和作用路径，本章将从国有股东控制度视角探讨非国有股东的董事会权力对混改国企资产保值增值发挥影响作用的边界条件，研究内容如图6-1所示。

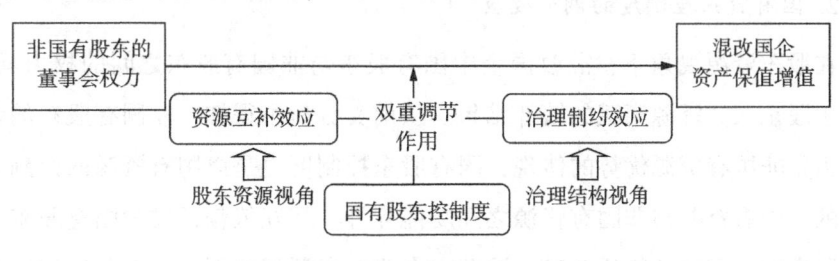

图6.1　本章研究内容

6.1　假设提出

6.1.1　股东资源视角下的调节作用分析

1. 国有股东控制度与混改国企资产保值增值

在国有股东适度控制的情况下，国有股东由于天然政治关联而享有的政治资源主要发挥"支持之手"角色。严若森和姜潇（2019）探讨了政治关联与企业融资约束及研发投入的关系，结果表明，政治关联能够降低企业融资约束，促进研发投入，并且可以缓解融资约束对研发投入的负向影响作用。祝继高等

（2015）运用多案例研究方法分析企业对财务困境的应对，研究发现，国企应对财务困境的成本明显低于非国有企业。黄新建和刘玉婷（2019）从特许经营权角度探讨政治关联对企业经营绩效的影响路径，结论证实，政治关联有助于企业获得政府授予的特许经营权，进入某些具有进入壁垒的行业或领域，可以提高企业的利润率，促进企业净资产保值增值。

当国有股东控制超过一定限度后，过高的国有股东控制容易产生政治资源"诅咒效应"，即过多的政治资源会加剧企业粗放式发展，助长过度投资，阻碍自主创新，降低创新效率，无益于企业资产保值增值（袁建国 等，2015）。郑山水（2016）以新创企业为研究对象，探讨了政府关系网络对企业创业绩效的影响作用，结果表明，两者的关系呈现倒 U 形，存在"资源诅咒效应"，即过高程度的政府关系网络不利于创业绩效的提高。

2. 国有股东控制度的调节效应

在股东资源视角下，混改国企中国有股东与非国有股东之间的权力配置，是基于股东双方资源禀赋的博弈结果。从前文分析可得知，非国有股东的董事会权力是非国有资源优势的体现，国有股东控制度也是以国有资源的谈判力为基础的，国有资源与非国有资源之间功能互补、相互依赖，成为国有股东与非国有股东权力配置的物质基础。因此，在股东资源视角下，国有股东控制是国有资源优势的外在表征，与非国有股东的董事会权力代表的非国有资源优势发挥协同互补效应。

当国有股东控制程度较低时，随着国有股东控制的增强，意味着国有股东掌握的垄断资源优势越强，能够为非国有资源的充分利用提供更有利的平台。如余汉等（2017）在探讨国有股权参股民营企业后政治关联对企业绩效的影响作用中指出，国有股东在市场基础、品牌声誉、资金实力方面具有资源优势，均有利于促进非国有技术研发活动的规模化及创新产品的市场化。同理，在混改国企中，随着国有资源优势的增强，能够为被引入的非国有资源提供良好的资源平台，有助于撬动非国有资本对国有资本增值的贡献度，从而增强代表非国有资源优势的非国有股东的董事会权力对混改国企资产保值增值的促进作用。

此外，国有资源与非国有资源的优势互补性，为国有股东与非国有股东之间建立共生关系提供了物质基础。同时，根据共生理论对共生单元的共生行为模式划分，在寄生、偏利共生、非对称互惠共生及对称互惠共生四种行为模式中，对称互惠共生关系是共生关系进化的方向，其稳定性最高（袁纯清，1998a）。在国有股东控制度较低的情况下，国有股东与非国有股东的权力制衡度较高，双方的权力悬殊较小，表明双方的资源禀赋优势即相互依赖性越接近，共生行为模式越趋于对称互惠共生，这有助于提高国有资源与非国有资源协同互补的可持续性，能够长期地促进混改国企资产保值增值。当国有股东控制程度较高时，随着国有股东控制的加强，非国有股东的权力空间随之缩小，不利于非国有股东对投入国企的非国有优势资源进行优化配置与高效利用，难以充分发挥非国有资本对混改国企资产保值增值的提振效应。

6.1.2 治理结构视角下的调节作用分析

1. 国有股东控制度与混改国企资产保值增值

在国有股东适度控制的情况下，非国有股东具有参与国企治理的积极性，可促进股东监督职能的实现，有助于改善国有股东"监督缺位"的治理缺陷。从控制权激励角度看，一方面，国有股东适度的控制，有助于吸引非国有资本参与国企混改，从而带入更多的非国有优势资源，实现非国有资源与国有资源的优势互补效应，并且能够提高非国有股东参与国企治理的主动性，调动非国有股东的决策积极性，同样有助于非国有资源优势效用的高效发挥；另一方面，国有股东适度控制时，非国有股东具有参与决策的权力空间，能够弥补国有股东的"所有者缺位"不足，有效行使股东的监督与决策职能，提升企业决策机制的运行效率，提高经营效率，促进混改国企资产保值增值。

当国有股东控制超过一定限度后，政府对国企经营的干预力度会增强，既会导致国企的治理效率下降，也会制约非国有股东参与治理的权限空间，从而产生"掠夺之手"效应。国有股东控制度过高体现为国有股"一股独大"，加之国有股东在治理决策与监督中的"缺位"痼疾，容易导致企业决策效率与决策质量的下降，难以及时准确地感知市场变幻，不利于企业市场竞争能力的提高，从而阻碍混改国企资产保值增值。王勇等（2013）从现金持有竞争效应的视角探讨政府干预对国企市场竞争力的影响关系，研究发现，政府过度干预会导致企业对现金资源的使用途径发生变化，并导致使用效率下降，加重企业的税费负担，提高企业的非生产性支出，进而不利于国企市场竞争能力的提升。

2. 国有股东控制度的调节效应

在治理结构视角下，由于股权性质及利益诉求的差异，国有股东与非国有股东存在利益冲突（李建标 等，2016）。非国有股东追求经济利益最大化，国有股东在实现经济目标的同时还需要面临政治考核，并承担一定的社会目标。利益目标的不同，导致国有股东与非国有股东在治理过程会产生相互制约效应。因此，在治理结构视角下，国有股东控制度是与非国有股东相抗衡的治理力量，对非国有股东董事会权力具有治理制约效应。

当国有股东控制程度较低时，国有股东对非国有股东治理的制约效应较弱，双方资源的优势互补效应占主导地位。刘汉民等（2018）研究了混合所有制企业中股权与控制权的非对等配置逻辑，结论指出，维持国有第一大股东的地位，适当提高国有股东控制度，可以减轻企业混改中可能遇到的政策阻力，避免非国有资本承受由国有股权稀释带来的国有资产流失嫌疑和指责。这能够为非国有股东通过委派董事参与国企治理减少制度障碍，有助于发挥非国有股东对国企混改前所存在的"所有者缺位""董事虚置"及"内部人控制"等治理缺陷的弥补作用，改善国企的治理效率，从而在治理结构根本上为国企资产保值增值奠定制度基础。

当国有股东控制程度较高时，由于国有股东与非国有股东利益目标的差异，国有股东有动机并有能力对非国有股东参与治理发挥制约效应，导致非国有股东对国企治理效率的改善作用下降，并且不利于非国有资源优势效用的发挥，将会削弱非国有资源与国有资源的优势互补效应，阻碍非国有资源对混改国企资产保值增值的促进作用。具体来看，国有股东控制度的加强会削弱非国有股东的权力，降低非国有股东对国有股东的权力抗衡，难以有效改善国企混改前"一股独大"的治理缺陷，不利于发挥非国有股东委派董事对国企治理效率与经营决策质量的提升作用，进而阻碍国企资产保值增值的实现。李建标等（2016）探究了混合所有制企业中国有股东与非国有股东之间的行为博弈，并在结论中指出，国有资本的超级股东身份会降低非国有股东的谈判能力。这表明，当国有股东控制度过高，拥有超额控制权并具备超级股东身份后，非国有股东的谈判空间缩小，在国企治理中能够发挥的效用减小，难以实现混合所有制提高国企治理效率的目标。林明等（2018）以中国电子信息行业的上市国企为样本探讨了混合股权结构对高管团队任务断裂带与创新绩效间关系的调节效应，结果表明，当前十大股东中非国有大股东的股权比例较低时，高管团队任务断裂带强度会反向抑制创新绩效，不利于发挥高管团队任务断裂带对创新绩效的积极作用。魏明海等（2016）分析了我国企业的股权结构特征，其中指出，国企会受到政府部门的"隐性控制"，国企高管通常由政府部门委派级别较高的行政官员担任，这会导致高管拥有超额权力，对高管的监督约束力较弱，容易滋生腐败行为，有损企业价值提升。刘诚达（2019）以我国2011—2016年竞争性国有上市公司为样本，在不同的企业规模下，探讨非国有大股东制衡度对混改国企绩效的影响作用，结果表明，非国有大股东制衡度能够显著地正向促进混改国企的绩效水平，但这种促进效应随着企业规模的扩大而逐渐减弱，究其原因在于，国企的规模越大，越容易受到政府的行政干预，不利于非国有股东发挥治理效应。

综合以上分析，当国有股东控制度较低时，国有股东控制度有助于促进混改国企资产保值增值；而当国有股东控制度过高时，国有股东控制度则不利于混改国企资产保值增值。据此，本书提出假设6：

H6：在其他条件一定的情况下，国有股东控制度与国企资产保值增值呈倒U形关系。

进一步地，当国有股东控制程度较低时，国有股东与非国有股东主要发挥优势互补效应，随着国有股东控制的增强，代表非国有资源优势的非国有股东的董事会权力对混改国企资产保值增值的促进作用增强，即国有股东控制对非国有股东的董事会权力与混改国企资产保值增值的关系发挥正向调节效应；当国有股东控制程度较高时，国有股东对非国有股东主要发挥治理制约效应，随着国有股东控制的增强，非国有股东的董事会权力对混改国企资产保值增值的促进作用减弱，即国有股东控制对非国有股东的董事会权力与混改国企资产保值增值的关系发挥负向调节效应。借鉴张祥建等（2015）、温素彬和周鎏鎏（2017）及郝喜玲等（2018）对既存在正向调节也存在负向调节的关系总结，国有股东控制度在非国有股东的董事会权力与混改国企资产保值增值之间发挥倒 U 形调节效应。据此，本书提出假设 7：

H7：在其他条件一定的情况下，国有股东控制度在非国有股东的董事会权力与混改国企资产保值增值关系中发挥倒 U 形调节效应，即随着国有股东控制度的提高，非国有股东的董事会权力与混改国企资产保值增值的正向关系呈现出先增强后减弱的趋势。

根据上述理论分析构建本章内容的概念模型，如图 6.2 所示。

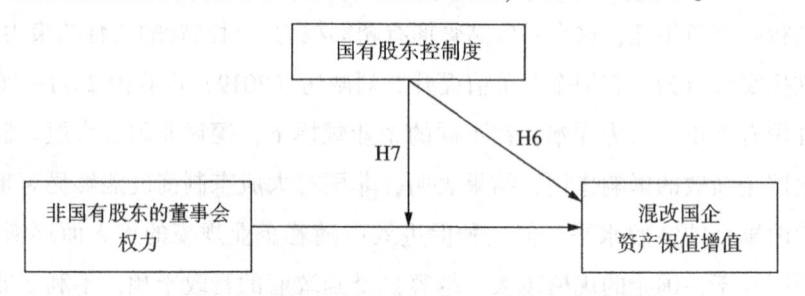

图 6.2　国有股东控制度发挥调节效应的概念模型

6.2　实证研究设计

6.2.1　样本选取与数据来源

针对假设 6 和假设 7 实证检验的样本选取与数据来源，与本书第 4 章相同，具体过程参见 4.2.1 节。

6.2.2 变量定义

1. 被解释变量：混改国企资产保值增值（APVA）

混改国企资产保值增值（APVA）的定义过程与4.2.2节相同，具体计算过程见式（4.1）~式（4.7）。

2. 解释变量：非国有股东的董事会权力（ND）

非国有股东的董事会权力（ND）的定义过程与4.2.2节相同，具体计算过程见式（4.8）。

3. 调节变量：国有股东控制度（SN）

国企引入非国有资本实现混合所有制，对国企带来最直接和最显著的变化在于股权结构，本章着重探讨国企混改后国有股东保留的控制度如何影响非国有股东发挥治理效应，因此，运用相对数的思想，选取国有股东相对于非国有股东的股权占比衡量国有股东控制度，具体计算公式如下：

$$SN = 国有股东持股比例/非国有股东持股比例（包含一致行动人） \tag{6.1}$$

4. 控制变量

控制变量的定义过程与4.2.2节相同，具体见表4.1。

6.2.3 实证模型构建

借鉴张祥建等（2015）和郝喜玲等（2018）对倒U形调节效应的检验方法，本书构建模型[式（6.2）和式（6.3）]，以检验非国有股东的董事会权力对混改国企资产保值增值的影响，以及国有股东控制度的调节效应。

$$\begin{aligned}APVA_{i,t} = &\eta_0 + \eta_1 ND_{i,t} + \eta_2 SN_{i,t}^2 + \eta_3 SN_{i,t} + \eta_4 Size_{i,t} + \eta_5 Debt_{i,t} + \eta_6 Growth_{i,t} + \\ &\eta_7 Director_{i,t} + \eta_8 Indirector_{i,t} + \eta_9 Inst_{i,t} + \sum Year + \sum Industry + \varepsilon_{i,t}\end{aligned} \tag{6.2}$$

$$APVA_{i,t} = \lambda_0 + \lambda_1 ND_{i,t} + \lambda_2 SN_{i,t}^2 + \lambda_3 SN_{i,t} + \lambda_4 ND_{i,t} \times SN_{i,t}^2 + \lambda_5 ND_{i,t} \times SN_{i,t} +$$
$$\lambda_6 Size_{i,t} + \lambda_7 Debt_{i,t} + \lambda_8 Growth_{i,t} + \lambda_9 Director_{i,t} + \lambda_{10} Indirector_{i,t} +$$
$$\lambda_{11} Inst_{i,t} + \sum Year + \sum Industry + \varepsilon_{i,t} \quad (6.3)$$

式中：非国有股东的董事会权力（ND）代表非国有股东是否委派董事（WND）和非国有股东委派董事比例（RND）。

在模型[式（6.2）]中，若 SN 二次项的系数 η_2 显著为负，则代表国有股东控制度与混改国企资产保值增值呈倒 U 形关系，假设 6 得证。

在模型[式（6.3）]中，若二次交叉项的系数 λ_4 显著为负，则代表国有股东控制度在非国有股东的董事会权力与混改国企资产保值增值之间发挥倒 U 形调节效应，假设 7 得证。

6.3 实证检验及结果分析

6.3.1 描述性统计与相关性分析

1. 描述性统计

表 6.1 列示了本章所涉及主要变量的描述性统计结果。变量 APVA 的均值为 1.004，大于 1，这表明平均来看，混改国企的资产是增值的。变量 WND 的中位数为 0.000，说明在至少一半的混改国企中，非国有股东并未拥有董事会权力；进一步地，变量 WND 的均值为 0.270，意味着仅有 27% 的混改国企中非国有股东在董事会中拥有权力。变量 RND 的均值为 0.086，表明非国有股东在混改国企董事会中的席位占比平均仅为 8.6%，处于较低水平。从变量 SN 的描述性统计值看，尽管经过 1% 和 99% 的缩尾处理，但依然分布悬殊，标准差高达 52.654，这是由于，部分国企呈现国有股"一股独大"现象，并在前十大股东中除去机构投资者后，非国有股东持股更小。但同时，变量 SN 的最小值为 0.404，小于 1，说明样本企业中也存在前十大股东中非国有股权大于国有股权的情况，不全表现为国有股"一股独大"，侧面反映出本书样本选取的全面性和代表性。

第6章 非国有股东的董事会权力与混改国企资产保值增值：国有股东控制度的调节作用

表6.1 主要变量描述性统计

变量	样本量	均值	最大值	中位数	最小值	标准差
APVA	2510	1.004	1.429	0.997	0.171	0.151
WND	2510	0.270	1.000	0.000	0.000	0.445
RND	2510	0.086	0.857	0.000	0.000	0.163
SN	2510	27.665	316.563	6.899	0.404	52.654
Size	2510	22.379	27.146	22.249	19.960	1.319
Debt	2510	0.473	0.956	0.465	0.019	0.209
Growth	2510	0.142	1.837	0.096	−0.486	0.278
Director	2510	9.130	13.000	9.000	5.000	1.300
Indirector	2510	0.364	0.571	0.333	0.250	0.054
Inst	2510	3.849	19.722	2.624	0.000	3.968

2. 相关性分析

表6.2报告了本章所涉及连续变量之间的Pearson相关性检验结果。混改国企资产保值增值APVA与非国有股东的董事会权力RND显著正相关，与调节变量国有股东控制度SN的相关性不显著，而国有股东控制度的平方项能否对混改国企资产保值增值产生影响，则在后文的回归结果中加以检验。混改国企资产保值增值APVA与多数控制变量显著相关，印证了所选控制变量的有效性。

表6.2 主要变量相关性分析（$N=2510$）

变量	APVA	RND	SN	Size	Debt	Growth	Director	Indirector	Inst
APVA	1.000								
RND	0.037**	1.000							
SN	0.013	0.256***	1.000						
Size	0.360***	−0.226***	−0.163***	1.000					
Debt	−0.027*	−0.137***	−0.009	0.391***	1.000				
Growth	0.255***	0.032*	−0.011	0.156***	0.141***	1.000			
Director	0.004	−0.282***	−0.119***	0.186***	−0.049***	−0.034**	1.000		
Indirector	0.047***	0.071***	−0.048***	0.298***	0.228***	0.024	−0.206***	1.000	
Inst	0.369***	−0.228***	−0.269***	0.507***	0.154***	0.162***	0.123***	0.187***	1.000

*，**，***分别代表10%，5%，1%的显著性水平。

6.3.2 国有股东控制度发挥调节作用的实证检验

为考察国有股东控制度对非国有股东的董事会权力与混改国企资产保值增值之间关系的调节效应，本书采用模型［式（6.2）和式（6.3）］进行实证检验。为消除不同变量之间的量纲差异，在回归分析前对变量予以标准化处理，并进行多重共线性检验，结果显示，VIF 最大值为 1.735，远小于 10，表明模型不存在严重的共线性问题。

表 6.3 汇报了逐步回归法下模型［式（6.2）和式（6.3）］的检验结果。其中，（1）~（3）列及（5）列、（6）列用于分析国有股东控制度 SN 对混改国企资产保值增值 APVA 的影响作用；（4）列和（7）列用于分析国有股东控制度 SN 及其平方项 SN^2 对非国有股东的董事会权力与混改国企资产保值增值关系的调节效应。在（3）列的模型中，非国有股东的董事会权力以 WND 衡量，从检验结果看，加入国有股东控制度及其平方项后，模型的 F 值为 103.335，在 1%水平上显著，代表模型解释力度的调整 R^2（adj-R^2）由 0.257 增加到 0.269，表明新加入的变量对被解释变量具有显著影响作用；从回归系数来看，SN 的系数为 0.067，T 值为 1.206，不显著；SN^2 的系数为-0.052，T 值为-4.963，在 1%水平上显著，即国有股东控制度的平方项与国企资产保值增值显著负相关。在（6）列的模型中，非国有股东的董事会权力以 RND 衡量，从检验结果看，加入国有股东控制度及其平方项后，模型的 F 值为 107.908，在 1%水平上显著，代表模型解释力度的调整 R^2（adj-R^2）由 0.267 增加到 0.277，表明新加入的变量对被解释变量具有显著影响作用；从回归系数来看，SN 的系数为 0.015，T 值为 0.265，不显著；SN^2 的系数为-0.092，T 值为-2.522，在 5%水平上显著，即国有股东控制度的平方项与混改国企资产保值增值显著负相关。可见，不论非国有股东的董事会权力以 WND 还是 RND 衡量，国有股东控制度的平方项与混改国企资产保值增值均显著负相关，即呈现倒 U 形影响关系，因此，假设 6 得证。

表6.3　调节效应回归结果

变量	APVA						
	(1)	(2)	(3)	(4)	(5)	(6)	(7)
WND_t		0.052*** (2.842)	0.028*** (2.433)	0.024*** (2.425)			
RND_t					0.124*** (6.663)	0.108*** (5.663)	0.681*** (4.523)
SN_t			0.067 (1.206)	0.358** (2.513)		0.015 (0.265)	0.296*** (3.024)
SN_t^2			−0.052*** (−4.963)	−0.112** (−1.983)		−0.092** (−2.522)	−0.079*** (−3.482)
$WND \times SN_t$				0.646*** (4.161)			
$WND \times SN_t^2$				−0.338*** (−4.389)			
$RND \times SN_t$							1.146*** (3.836)
$RND \times SN_t^2$							−0.284*** (−5.514)
$Size_t$	0.339*** (15.041)	0.342*** (15.183)	0.343*** (15.293)	0.338*** (15.094)	0.351*** (15.664)	0.350*** (15.674)	0.348*** (15.596)
$Debt_t$	−0.210*** (−10.992)	−0.203*** (−10.559)	−0.213*** (−11.104)	−0.219*** (−11.416)	−0.195*** (−10.229)	−0.204*** (−10.736)	−0.209*** (−11.002)
$Growth_t$	0.193*** (10.950)	0.189*** (10.669)	0.189*** (10.746)	0.188*** (10.744)	0.183*** (10.436)	0.184*** (10.521)	0.182*** (10.436)
$Director_t$	−0.106*** (−5.730)	−0.099*** (−5.309)	−0.093*** (−5.025)	−0.097*** (−5.268)	−0.078*** (−4.161)	−0.074*** (−3.953)	−0.075*** (−4.062)
$Indirector_t$	−0.075*** (−3.940)	−0.083*** (−4.350)	−0.075*** (−3.928)	−0.077*** (−4.062)	−0.088*** (−4.679)	−0.081*** (−4.298)	−0.086*** (−4.539)

续表

变量	APVA						
	(1)	(2)	(3)	(4)	(5)	(6)	(7)
$Inst_t$	0.225***	0.237***	0.257***	0.260***	0.246***	0.263***	0.270***
	(11.161)	(11.515)	(12.340)	(12.514)	(12.137)	(12.752)	(13.072)
Constant	0.000	-0.086**	0.389	0.240	-0.584***	0.257	-2.853***
	(0.000)	(-2.470)	(0.872)	(0.528)	(-6.540)	(0.586)	(-3.095)
Year	控制	控制	控制	控制	控制	控制	控制
Industry	控制	控制	控制	控制	控制	控制	控制
cluster	控制	控制	控制	控制	控制	控制	控制
adj-R^2	0.255	0.257	0.269	0.273	0.267	0.277	0.281
R^2	0.256	0.259	0.271	0.276	0.269	0.280	0.284
ΔR^2	0.256***	0.003***	0.012***	0.005***	0.013***	0.011***	0.004***
F	143.826***	124.783***	103.335***	95.337***	131.758***	107.908***	99.121***
N	2510	2510	2510	2510	2510	2510	2510

*, **, ***分别代表10%, 5%, 1%的显著性水平。

从（4）列的检验结果看，加入了国有股东控制度及其平方与非国有股东的董事会权力的交互项后，代表模型拟合优度的 F 值为95.337，在1%水平上显著，且代表模型解释力度的调整 R^2（adj-R^2）由0.269增加到0.273，说明交互项的加入提高了模型的解释力度；从交互项的回归系数看，国有股东控制度 SN 与 WND 的交互项系数为0.646，T 值为4.161，在1%水平上显著；国有股东控制度的平方 SN^2 与 WND 的交互项系数为-0.338，T 值为-4.389，在1%水平上显著。从（7）列的检验结果看，加入了国有股东控制度及其平方与非国有股东的董事会权力的交互项后，代表模型拟合优度的 F 值为99.121，在1%水平上显著，且代表模型解释力度的调整 R^2（adj-R^2）由0.277增加到0.281，说明交互项的加入提高了模型的解释力度；从交互项的回归系数看，国有股东控制度 SN 与 RND 的交互项系数为1.146，T 值为3.836，在1%水平上显著；国有股东控制度的平方 SN^2 与 RND 的交互项系数为-0.284，T 值为-5.514，在1%水平上显著。借鉴张祥建等（2015）和郝喜玲等（2018）对倒

U形调节效应的检验方法可知，当调节变量的平方项与解释变量的交互项回归系数显著为负时，即代表该调节变量发挥倒U形调节效应。因此，从上述数据分析结果看，国有股东控制度在非国有股东的董事会权力与混改国企资产保值增值之间发挥倒U形调节效应，假设7得证。

6.3.3 国有股东控制度发挥调节作用的实证结果分析

本章在第4章验证了非国有股东的董事会权力可正向促进混改国企资产保值增值的基础上，从国有股东控制度的角度考察非国有股东的董事会权力对混改国企资产保值增值的作用边界，考虑在不同的国有股东控制度情况下，非国有股东的董事会权力对混改国企资产保值增值的作用强度是否会发生改变。根据上述实证检验结果可知，国有股东控制度对混改国企资产保值增值发挥倒U形影响作用；国有股东控制度对非国有股东的董事会权力与混改国企资产保值增值之间的关系发挥倒U形调节效应。根据实证结论，进行如下分析。

（1）国有股东控制度对混改国企资产保值增值发挥倒U形影响作用。在股东资源与治理结构双视角下，国有股东控制度对企业治理发挥双重作用，一方面，在国有股东控制度的背后是国有股东掌握的垄断资源或政治资源优势，可提高企业的利润空间；另一方面，国有股东过高的控制度必然导致政府的行政干预力度过高，不利于提高国企决策与经营的市场化程度。当国有股东控制程度较低时，对国企治理结构的影响作用较弱，此时主要发挥政治资源优势，可为国企获取垄断市场和超额利润创造有利条件，有助于促进国企资产保值增值。当国有股东控制程度较高时，国有股东在治理结构中发挥主导作用，由于国有股东容易受到政府的行政干预，且一贯存在"监督缺位"的不足，容易导致国企治理效率低下，决策质量下降，会阻碍混改国企资产增值。

（2）国有股东控制度对非国有股东的董事会权力与混改国企资产保值增值的正向关系发挥倒U形调节效应。在股东资源与治理结构双视角下，国有股东控制度作为非国有股东的董事会权力发挥影响作用的边界条件，同时存在优势互补效应与治理制约效应。当国有股东控制程度较低时，国有资源与非国有资源主要发挥异质资源的优势互补效应，随着国有股东控制度的提高，国有资源优势增强，能够为非国有资源的效用发挥提供良好平台与基础，从而增强非国有资源对混改国企资产保值增值的促进效应。当国有股东控制程度较高时，国有股东在治理结构中会对非国有股东主要发挥治理制约效应，随着国有股东控制的增加，非国有股东的权力范围变小，对国有股东的制衡度降低，限制了非国有股东对经营决策的话语权，难以发挥非国有股东参股对国企治理效率的改善作用，从而削弱了非国有股东的董事会权力对混改国企资产保值增值的促进效应。

6.4 稳健性检验

为提高研究结论的可靠性，通过更换变量衡量方法和更换样本对本章的实证结果进行稳健性检验。

6.4.1 更换变量衡量方法

与第4章类似，在更换变量衡量方法的稳健性检验中，将被解释变量的衡量方法更换为《国有资产保值增值考核试行办法》中提出的国有资产保值增值率（期末所有者权益/期初所有者权益×100%），记为 APVA_1。按照前文实证模型，以 APVA_1 为被解释变量，重新检验假设6和假设7，结果见表6.4。在（3）列和（6）列中，国有股东控制度平方项 SN^2 的回归系数显著为负，与前文假设6的检验结果一致。在（4）列和（7）列中，非国有股东董事会权力与国有股东控制度平方项的交互项回归系数均在1%水平上显著为负，与前文假设7的检验结果一致，在更换被解释变量的衡量方法后前文研究结论依然保持不变。

表6.4 调节效应更换变量衡量方法的稳健性检验

变量	APVA_1$_t$							
	(1)	(2)	(3)	(4)	(5)	(6)	(7)
WND$_t$		0.097*** (4.720)	0.133*** (6.202)	0.168** (2.024)			

续表

变量	APVA_1$_t$						
	(1)	(2)	(3)	(4)	(5)	(6)	(7)
RND$_t$					0.116***	0.147***	0.374**
					(5.569)	(6.869)	(2.206)
SN$_t$			0.325***	0.489		0.322***	0.698
			(5.200)	(1.266)		(5.211)	(1.529)
SN$_t^2$			−0.257***	−0.242***		−0.256***	−0.252***
			(−4.268)	(−3.902)		(−4.295)	(−4.203)
WND×SN$_t$				0.074			
				(0.431)			
WND×SN$_t^2$				−0.187***			
				(−4.740)			
RND×SN$_t$							0.453
							(1.347)
RND×SN$_t^2$							−0.245***
							(−3.094)
Size$_t$	0.025	0.031	0.021	0.020	0.037	0.028	0.027
	(1.010)	(1.243)	(0.083)	(0.806)	(1.467)	(1.098)	(1.058)
Debt$_t$	−0.039*	−0.026	−0.027	−0.028	−0.025	−0.027	−0.029
	(−1.812)	(−1.208)	(−1.276)	(−1.304)	(−1.157)	(−1.276)	(−1.365)
Growth$_t$	0.187***	0.178***	0.183***	0.183***	0.177***	0.183***	0.182***
	(9.441)	(9.024)	(9.313)	(9.307)	(8.988)	(9.300)	(9.259)
Director$_t$	−0.023	−0.010	−0.014***	−0.014	0.002	0.001	0.001
	(−1.139)	(−0.506)	(−0.672)	(−0.695)	(0.115)	(0.071)	(0.036)
Indirector$_t$	0.133***	0.117***	0.120***	0.120***	0.120***	0.126***	0.124***
	(6.273)	(5.461)	(5.622)	(5.606)	(5.663)	(5.945)	(5.851)
Inst$_t$	0.075***	0.095***	0.069***	0.069***	0.094***	0.065***	0.068***
	(3.301)	(4.165)	(2.965)	(2.977)	(4.126)	(2.821)	(2.928)
Constant	0.000	−0.159***	1.932***	1.830***	−0.547***	1.456***	0.227**
	(0.000)	(−4.101)	(3.877)	(3.317)	(−5.466)	(2.954)	(2.219)
Year	控制	控制	控制	控制	控制	控制	控制
Industry	控制	控制	控制	控制	控制	控制	控制
cluster	控制	控制	控制	控制	控制	控制	控制
adj-R^2	0.068	0.076	0.084	0.086	0.079	0.088	0.090

续表

变量	APVA_1$_t$						
	(1)	(2)	(3)	(4)	(5)	(6)	(7)
R^2	0.070	0.079	0.086	0.090	0.082	0.091	0.094
ΔR^2	0.070***	0.009***	0.007***	0.005***	0.012***	0.009***	0.003***
F	31.555***	30.459***	27.395***	24.666***	31.802***	28.444***	25.789***
N	2510	2510	2510	2510	2510	2510	2510

*，**，***分别代表10%，5%，1%的显著性水平。

6.4.2 更换样本

为使研究结论更具可靠性，本书还通过更换样本的方法实施进一步的稳健性检验。以2013年党的十八届三中全会倡导"积极发展混合所有制经济"为政策节点，剔除了2013年以前的样本，按照前文实证模型重新检验假设6和假设7，结果见表6.5。在（3）列和（6）列中，国有股东控制度平方项的回归系数显著为负，与前文假设6的检验结果一致。在（4）列和（7）列中，非国有股东的董事会权力与国有股东控制度平方项的交互项回归系数均小于零，且均在1%水平上显著，与前文假设7的检验结果一致，表明前文研究结论具有一定的稳健性。

表6.5 调节效应更换样本的稳健性检验

变量	APVA						
	(1)	(2)	(3)	(4)	(5)	(6)	(7)
WND$_t$		0.049** (2.213)	0.024** (2.041)	0.030*** (3.772)			
RND$_t$					0.114*** (5.012)	0.098*** (4.172)	0.692*** (3.860)
SN$_t$			0.067 (0.996)	0.396** (3.413)		0.020 (0.301)	0.217*** (3.329)
SN$_t^2$			-0.054*** (-4.831)	-0.028*** (-4.425)		-0.089** (-2.193)	-0.075*** (-3.180)

续表

变量	APVA						
	(1)	(2)	(3)	(4)	(5)	(6)	(7)
WND×SN$_t$				0.663*** (3.625)			
WND×SN$_t^2$				−0.564*** (−4.074)			
RND×SN$_t$							1.189*** (3.342)
RND×SN$_t^2$							−0.752*** (−5.397)
Size$_t$	0.330*** (11.987)	0.333*** (12.090)	0.335*** (12.200)	0.330*** (12.051)	0.341*** (12.433)	0.341*** (12.459)	0.338*** (12.403)
Debt$_t$	−0.198*** (−8.572)	−0.191*** (−8.254)	−0.203*** (−8.759)	−0.209*** (−9.039)	−0.185*** (−8.029)	−0.195*** (−8.497)	−0.201*** (−8.738)
Growth$_t$	0.191*** (9.001)	0.187*** (8.781)	0.187*** (8.837)	0.186*** (8.834)	0.182*** (8.598)	0.182*** (8.662)	0.180*** (8.591)
Director$_t$	−0.097*** (−4.337)	−0.090*** (−4.000)	−0.084*** (−3.751)	−0.089*** (−3.971)	−0.072*** (−3.137)	−0.067*** (−2.947)	−0.069*** (−3.053)
Indirector$_t$	−0.070*** (−3.064)	−0.078*** (−3.374)	−0.069*** (−2.997)	−0.071*** (−3.119)	−0.082*** (−3.594)	−0.074*** (−3.257)	−0.079*** (−3.472)
Inst$_t$	0.220*** (9.120)	0.231*** (9.388)	0.252*** (10.082)	0.254*** (10.225)	0.240*** (9.875)	0.258*** (10.424)	0.265*** (10.701)
Constant	0.008 (0.376)	−0.073* (−1.739)	0.416 (0.779)	−0.495 (−0.841)	−0.534*** (−4.851)	0.289 (0.548)	−2.937*** (−2.672)
Year	控制	控制	控制	控制	控制	控制	控制
Industry	控制	控制	控制	控制	控制	控制	控制
cluster	控制	控制	控制	控制	控制	控制	控制
adj-R^2	0.246	0.247	0.260	0.265	0.256	0.267	0.271
R^2	0.248	0.250	0.264	0.269	0.259	0.271	0.276
ΔR^2	0.248***	0.002***	0.014***	0.005***	0.011***	0.012***	0.005***
F	92.588***	80.244***	66.808***	61.876***	84.087***	69.269***	63.837***
N	1503	1503	1503	1503	1503	1503	1503

*，**，*** 分别代表10%，5%，1%的显著性水平。

6.5 本章小结

本章探讨了混改国企中国有股东控制度在非国有股东的董事会权力与混改国企资产保值增值关系间发挥的调节效应，以明晰非国有股东的董事会权力对混改国企资产保值增值发挥影响的作用边界。在搜集样本企业数据并构建线性回归模型的基础上，对理论分析形成的研究假设进行实证检验，结果表明，国有股东控制度对混改国企资产保值增值发挥倒 U 形影响作用；国有股东控制度对非国有股东的董事会权力与混改国企资产保值增值之间的关系发挥倒 U 形调节效应，即随着国有股东控制度的提高，非国有股东的董事会权力与混改国企资产保值增值的正向关系呈现出先增强后减弱的趋势。上述实证检验结果在更换变量衡量方法和更换样本后依然保持不变，印证了研究结论具有一定的稳健性。

第7章 结论与讨论

7.1 主要结论

在全面深化改革背景下，作为国企改革重要突破口的混合所有制改革在实践中推行得如火如荼。根据2015年颁布的《中共中央、国务院关于深化国有企业改革的指导意见》，国企改革的主要目标是实现资产保值增值，这也成为混改国企主要的考核指标。然而，由于国企难以摆脱政府干预与行政治理的影响，非国有资本参股国企往往面临"玻璃门""旋转门"和"弹簧门"等制度障碍，同时非国有资本存在对参股后丧失话语权的担忧，导致非国有资本对于参与国企混改的积极性普遍不高，难以促进国企资产保值增值。针对混改国企面临的上述治理难题，本书基于股东资源与治理结构双视角分析了非国有股东董事会权力的理论内涵及对混改国企资产保值增值的影响关系与作用机制，探索非国有股东的董事会权力对混改国企资产保值增值的影响机理，以期为混改国企中非国有股东董事会权力的合理配置提供理论借鉴，进而促进混改国企实现资产保值增值。本书研究主要得出以下结论。

（1）基于股东资源与治理结构双视角分析非国有股东的董事会权力来源与内涵。在股东资源视角下，非国有股东的董事会权力是非国有股东资源优势的权力表征。非国有股东的董事会权力越大，代表着非国有资源的优势越强，随着非国有资本参股国企，非国有资源能够在国企中发挥的资源禀赋效应越强。在治理结构视角下，非国有股东的董事会权力来源于股东大会的授权。非国有股东通过向国企委派董事而拥有董事会权力，能够发挥对国有股东的权力制衡效应，有助于缓解国企的治理缺陷，如国有股"一股独大""所有者缺位""董事虚置"及"内部人控制"等，并提高混改国企的治理效率。

(2) 混改国企中非国有股东的董事会权力与股权呈现非对等配置特征，表现出非国有股东超额委派董事的现象。在非国有股东的董事会权力来源与股权来源存在非对等性的理论前提下，国企的资本体量较大，非国有股东的资金实力相对有限，导致非国有股东对国企的参股比例普遍较低；参与国企混改的非国有股东具备较强的非财务资源优势，即可获得委派董事的超额席位。此外，从对研究样本的描述性统计结果来看，在有非国有股东委派董事的混改国企中，非国有股东的董事会权力均值为 0.319，非国有股权的均值为 0.186，表现出非国有股东超额委派董事的现象。进一步的统计发现，在全部样本中，有 22% 的混改国企存在非国有股东超额委派董事现象。其中，在存在非国有股东超额委派董事的混改国企中，超额委派的均值为 0.227，即若混改国企的非独立董事总席位为 5，则非国有股东能够拥有比理论值高于 1 位的董事席位。

(3) 采用实证分析方法检验非国有股东的董事会权力对混改国企资产保值增值的直接影响作用，并在考虑非国有股东的董事会权力与股权非对等配置的逻辑下，对比了两者对混改国企资产保值增值影响作用强度的差异，进而分析非国有股东超额委派董事对混改国企资产保值增值的影响关系。结果表明，非国有股东的董事会权力可正向促进混改国企资产保值增值；与非国有股权相比，非国有股东的董事会权力对混改国企资产保值增值的正向促进作用更强；非国有股东超额委派董事能够正向促进混改国企资产保值增值。

对实证结论进行进一步分析，在股东资源视角下，非国有股东在混改国企中拥有董事会权力意味着非国有股东向国企投入了相对重要的优势资源，有助于发挥非国有资源与国有资源的互补优势，提高国有资源的边际产出贡献，并且能够增加国企可利用资源的规模，最终促进混改国企资产保值增值。同时，非国有股东的董事会权力能够反映非国有股东向国企投入的财务资源与非财务资源所具有的禀赋优势，与代表财务资源的非国有股权相比，非国有股东的董事会权力作用强度更大。因此，非国有股东超额委派董事越多，表明非国有股东所投入国企的资源优势越强，越有助于发挥国有资源与非国有资源的互补优势，进而促进混改国企资产保值增值。

在治理结构视角下，非国有股东的董事会权力可形成非国有股东对国有股东的有效制衡，能够改善国企以往"一股独大"的治理缺陷，且非国有股东通过委派董事参与国企经营决策并发挥监督作用，有助于缓解国企"董事虚置"现象，能够提升国企内部治理效率，进而提高决策效率与经营效率，并促进资产保值增值。同时，董事会权力相较于股权更加接近公司经营层，与股权制衡相比，异质股东在董事会层面相互制衡将对企业经营决策产生更大的影响，异质股东在董事会层面的制衡度更有利于改善决策质量，提高经营效率，促进混改国企资产保值增值。因此，非国有股东超额委派董事越多，代表着非国有股东在董事会层面对国有股东的制衡度比股权制衡度越高，越有助于非国有股东通过加强董事抗衡而获得话语权，从而缓解国企"一股独大""所有者监督缺位"及"董事虚置"等治理缺陷，提升国企经营效率，促进混改国企资产保值增值。

（4）基于股东资源与治理结构双视角，构建非国有股东的董事会权力发挥资源禀赋效应和权力制衡效应的理论模型，并检验非国有股东的董事会权力影响混改国企资产保值增值的主要路径。股东资源视角下的资源禀赋效应体现为，随着非国有资本进入国企，非国有资源所具备的决策效率高、市场感知力灵敏、经营效率高及创新意识较强等优势能够为国企所用，可弥补国企管理体制僵化、内部人控制、经营效率低及缺乏创新意识等劣势，有助于提高混改国企的资源利用效率、加速资产周转，通过提升国企资产运营效率而最终促进混改国企资产保值增值。治理结构视角下的权力制衡效应体现为，在治理结构视角下，非国有股东委派董事能够使混改国企的董事会实现职能回归，提高对经理的考核力度与监督效率，通过约束经理的权力空间、抑制经理管理防御行为，从而降低经理管理防御对企业价值的减损，促进混改国企资产保值增值的实现。

（5）国有股东控制度对非国有股东的董事会权力与混改国企资产保值增值的正向关系发挥先正后负的双重调节效应。在股东资源与治理结构双视角下，国有股东控制度作为非国有股东的董事会权力发挥影响作用的边界条件，同时存在优势互补效应与治理制约效应。当国有股东控制程度较低时，国有资源与非国有资源主要发挥异质资源的优势互补效应，随着国有股东控制度的提高，国有资源优势增强，能够为非国有资源的效用发挥提供良好平台与基础，从而增强非国有资源对混改国企资产保值增值的促进效应。当国有股东控制程度较高时，国有股东在治理结构中会对非国有股东主要发挥治理制约效应，随着国有股东控制的增加，非国有股东的权力范围变小，对国有股东的制衡度降低，从而限制了非国有股东对经营决策的话语权，难以发挥非国有股东参股对国企治理效率的改善作用，从而削弱了非国有股东的董事会权力对混改国企资产保值增值的促进效应。

7.2 管理启示

根据本书的主要研究结论，混改国企中非国有股东的董事会权力能够正向促进国企资产保值增值，且作用强度大于非国有股权，同时，非国有股东的董事会权力与非国有股权的差额，即非国有股东超额委派董事也对混改国企资产保值增值具有正向促进作用；进一步地，针对非国有股东的董事会权力对混改国企资产保值增值的作用机制，本研究基于股东资源与治理结构双视角证实，资产运营效率和经理管理防御均在两者关系间发挥中介作用，且国有股东控制度对两者关系发挥调节效应。本书研究结论对于混改国企中非国有股东的权力配置具有较为重要的管理启示，具体包括以下几方面。

（1）为实现非国有资源与国有资源的深层融合，混改国企应当依据非国有资源优势允许非国有股东拥有董事会权力。国企发展混合所有制不只是为了实现股权结构层面的多元化混合，真正目的在于加强不同所有制资本在企业经营决策层面的实际融合。在国企混改过程中，如果非国有股东仅拥有股权，将非国有股东的身份局限于财务投资者而非战略投资者，限制非国有股东参与国企治理，则难以最大限度地发挥非国有资源与国有资源的互补优势。在非国有股东所投入资源具有较大优势的情况下，混改国企应当允许非国有股东拥有董事会权力，使非国有股东对混改国企的经营决策拥有实际的话语权，只有实现国有股东与非国有股东在实际控制权层面的深度融合，才能真正发挥不同所有制资本的互补协同优势，进而促进混改国企资产保值增值。

（2）根据董事会权力与股权的非对等配置逻辑，混改国企对非国有股东的权力配置应体现"高董事会权力、低股权"的特征。通常情况下，国企的资本体量较大，非国有股东的参股比例较低。但如果非国有资源优势较高时，应当赋予非国有股东高于股权的董事会权力，使非国有股东有动力且有能力参与混改国企的经营决策，以提高非国有股东对国有股东的权力制衡。一方面，较高的权力制衡是异质股东发挥相互监督作用的权力基础，有助于提高国企治理效率；另一方面，非国有股东将优势资源投入国企，对其配置合理的权力也具有激励效用，能够提高非国有优势资源发挥价值创造功能的积极性。进一步地，国有股东与非国有股东在董事会层面的相互制衡，一方面能够提高股东对经营层的监督效率，制约经理人员的管理防御行为，缓解第一类代理冲突；另一方面可降低国企在经营层面受到的行政干预，实现国企董事会决策职能的回归，提高经营层的决策自由度，有助于发挥国有资源与非国有资源的互补优势，提高国企的资产运营效率，这两方面均有助于促进混改国企实现资产保值增值。

（3）混改国企对国有股东控制度的配置应当兼顾国有资源与非国有资源的优势互补效应及国有股东对非国有股东的治理制约效应。混改国企在股东权力配置上应将国有股东控制度限定在合理区间。若国有股东控制度过低，一方面，可能遭遇国有股权稀释带来的国有资产流失嫌疑和指责，不利于改革的顺利推进，同时，可能形成非国有资本的超强控制，产生机会主义行为，进而导致国有资产流失；另一方面，为企业带来的政治资源优势减弱，不利于充分发挥国有资源与非国有资源的优势互补效应。若国有股东控制度过高，会严重制约非国有股东支配资源和参与治理的话语权，既难以发挥非国有资源的优势效用，也无法真正改善国企"一股独大"的治理缺陷，加重"混而不和"的困境，不利于调动其他非国有资本参与国企混改的积极性，进一步恶化非国有资本"不愿混"的问题，最终导致混合所有制只能流于"股权混合"的形式。

7.3 创新之处

本书结合资源依赖理论与委托代理理论，选取股东资源与治理结构双视角分析了非国有股东的董事会权力对混改国企资产保值增值的直接影响关系、影响路径及影响作用的边界条件。其中，在直接影响关系中，对比了非国有股东的董事会权力与股权对混改国企资产保值增值作用强度的差异，并在两者非对等配置逻辑下考察了非国有股东超额委派董事对混改国企资产保值增值的影响关系，纵向深化了混改国企的董事会结构研究。具体而言，本研究中存在的创新之处主要有以下三点。

（1）选取股东资源与治理结构双视角分析非国有股东的董事会权力对混改国企资产保值增值的影响机理，扩展了股东权力来源的理论认知视角，丰富了异质股东关系研究的理论基础。

以往文献针对异质股东的关系研究，大多基于委托代理理论从治理结构视角探讨异质股东之间的对立制衡关系。在混合所有制企业要求不同所有制资本发挥协同效应的现实背景下，本书结合股东资源与治理结构双视角的分析指出，国企混改的物质基础在于国有资源与非国有资源的优势互补性，混改国企中非国有股东在董事会的权力来源于股权及除股权之外的自有资源优势，从股东资源视角解释了非国有股东的董事会权力来源。进一步地，在股东资源与治理结构双视角下，非国有股东与国有股东存在优势互补效应和权力制衡效应，这实现了异质股东关系的对立与统一，这与传统委托代理理论下异质股东之间相互监督制衡的对立关系形成鲜明对比，有助于拓展异质股东关系研究的理论视野，进而为促进混合所有制企业不同所有制资本的有效融合提供理论指导。

（2）探究非国有股东的董事会权力对混改国企资产保值增值的作用机理，有助于深化混改国企治理结构对经济后果的影响关系研究，并为国企混改实践提供更具可操作性的建议。

针对混改国企治理结构与经济后果的关系探讨，目前研究的关注点主要停留于两者的直接影响关系，鲜有文献探讨其中的作用机制，理论上急需深入探究其作用机制，为国企混改实践提供理论指导。本书从非国有股东的董事会权力角度探讨混改国企董事会结构对国企资产保值增值的影响关系，并基于股东资源与治理结构双视角分别从资产运营效率和经理管理防御两方面入手，考察非国有股东的董事会权力对混改国企资产保值增值的作用路径；并从国有股东控制度角度出发，探讨非国有股东的董事会权力对混改国企资产保值增值发挥影响作用的边界条件。研究结论回答了非国有股东的董事会权力能否以及如何影响混改国企资产保值增值等问题，明晰了非国有股东的董事会权力对混改国企资产保值增值的影响机理，有助于为国企混改实践提供更具操作性的指导性建议。

（3）基于董事会权力与股权的非对等性配置逻辑，考察非国有股东超额委派董事对混改国企资产保值增值的影响关系，深化了混改国企的董事会结构研究，丰富了混改国企资产保值增值的影响因素研究。

不同于以往研究对董事会内部权力结构的关注，本书结合新一轮混改背景下混改国企中出现的非国有股东董事会权力的超额配置特征，深入分析非国有股东的董事会权力与股权的差异性，并进一步细化地考察了非国有股东超额委派董事对混改国企资产保值增值的影响作用，有助于深化混改国企的董事会结构研究，丰富混改国企资产保值增值的影响因素探讨，为混改国企通过合理配置非国有股东在董事会的权力进而实现资产保值增值提供了新思路。

7.4 研究不足与展望

本书较为系统地分析了混改国企中非国有股东的董事会权力对混改国企资产保值增值的作用机理，包括影响关系、作用路径及其边界条件，并对比了非国有股东的董事会权力与股权对混改国企资产保值增值作用强度的差异，且在两者非对等配置逻辑下考察了非国有股东超额委派董事对混改国企资产保值增值的影响关系，均得出了较为可靠稳健的研究结论。但本书仅是阶段性研究成果，尚存在诸多局限性与不足之处，未来将主要从以下三方面开展深入的研究。

（1）本书对非国有股东的董事会权力对混改国企资产保值增值的作用机理探讨仍处于静态化，并未深入讨论影响关系是否具有滞后期，以及在滞后期中影响关系的强度或方向是否会发生改变。因此，在未来研究中，需要动态化地考察混改国企治理结构对经济后果的影响关系，以形成更为全面系统的研究结论。

（2）本书在探讨非国有股东的董事会权力对混改国企资产保值增值发挥影响作用的边界条件中，仅考虑了与非国有股东权力相对立的国有股东控制度。但是，在股东权力结构作用于企业经济后果的过程中，还存在很多会影响到这一过程的因素，如不同行业、不同地区、不同制度背景下，影响关系可能会存在差异性。因此，后续研究将在考虑更多边界条件下分析影响关系的差异性，以增强理论研究对企业混改实践的指导意义。

（3）本书对非国有股东的董事会权力与混改国企资产保值增值的关系研究未考虑非线性的影响关系。这是由于，在当前我国国企新一轮混改刚展开不久的阶段，混改国企中非国有股东的董事会权力尚未达到很高水平，因此，本书研究结论显示，非国有股东的董事会权力与混改国企资产保值增值显著正相关。然而，混改国企中非国有股东的董事会权力并非越高越好，当非国有股东的董事会权力过高时，可能会产生非国有股东的机会主义行为，致使国企资产价值减损。因此，打破线性关系，探讨非国有股东的董事会权力的区间效应也是未来研究的一个重要议题。

参考文献

(一)中文文献

白建军,李秉祥,2012a.货币薪酬结构对经理管理防御行为影响的实验研究[J].中国软科学(10):88-103.

白建军,李秉祥,2012b.经理管理防御测度及其影响因素:研究综述与展望[J].科技管理研究,32(23):138-142.

白建军,李秉祥,2012c.经理管理防御行为及其经济后果研究述评[J].首都经济贸易大学学报,14(4):116-123.

白云霞,林秉旋,王亚平,等,2013.所有权、负债与大股东利益侵占——来自中国控制权转移公司的证据[J].会计研究(4):66-72,96.

鲍银胜,2010.关于我国国有企业特殊股权性质和结构下的法人治理结构模式研究[J].经济问题探索(6):140-144.

蔡贵龙,柳建华,马新啸,2018.非国有股东治理与国企高管薪酬激励[J].管理世界,34(5):137-149.

曹立,2004.混合所有制研究——兼论社会主义市场经济的体制基础[M].广州:广东人民出版社:93-101.

曹玉姣,蒋惠园,2015.长江中游城市群的物流共生演化机制[J].改革(10):82-88.

曾诗韵,蔡贵龙,程敏英,2017.非国有股东能改善会计信息质量吗?——来自竞争性国有上市公司的经验证据[J].会计与经济研究,31(4):28-44.

陈东,董也琳,2014.中国混合所有制经济生产率测度及变动趋势研究[J].经济与管理研究(6):33-43.

陈冬华,陈信元,万华林,2005.国有企业中的薪酬管制与在职消费[J].经济研究(2):92-101.

陈建林,2015.家族所有权与非控股国有股权对企业绩效的交互效应研究——互补效应还是替代效应[J].中国工业经济(12):99-114.

陈昆玉,2010.创新型企业的创新活动、股权结构与经营业绩——来自中国A股市场的经验证据[J].产业经济研究(4):49-57.

陈林,唐杨柳,2014.混合所有制改革与国有企业政策性负担——基于早期国企产权改革大数据的实证研究[J].经济学家(11):13-23.

陈林,2018.自然垄断与混合所有制改革——基于自然实验与成本函数的分析[J].经济研究,53(1):81-96.

陈瑞,郑毓煌,刘文静,2013.中介效应分析:原理、程序、Bootstrap方法及其应用[J].营销科学学报,9(4):120-135.

陈胜蓝,陈英丽,胡佳妮,2012.市场竞争程度、股权性质与公司融资约束——基于中国20个行业上市公司的实证分析[J].产业经济研究(4):28-36.

陈仕华,姜广省,李维安,王春林,2014.国有企业纪委的治理参与能否抑制高管私有收益?[J].经济研究,49(10):139-151.

陈信元,陈冬华,万华林,等,2009.地区差异、薪酬管制与高管腐败[J].管理世界(11):130-143,188.

陈英,李秉祥,李越,2015.经理人特征、管理层防御与长期资产减值政策选择[J].管理评论,27(6):140-147.

程敏英,魏明海,2013.关系股东的权力超额配置[J].中国工业经济(10):108-120.

董梅生,洪功翔,2017.中国混合所有制企业股权结构选择与绩效研究[J].上海经济研究(3):71-77.

董晓庆,赵坚,袁朋伟,2014.国有企业创新效率损失研究[J].中国工业经济(2):97-108.

董盈厚,盖地,2017.CFO背景特征与资产减值会计政策选择——来自沪深上市公司面板数据的经验证据[J].华东经济管理,31(2):158-163.

杜瑞,王竹泉,王京,2016.混合股权、技术创新与企业竞争优势——基于高新技术上市公司的实证研究[J].山西财经大学学报,38(8):55-64.

范建红,陈怀超,2015.董事会社会资本对企业研发投入的影响研究——董事会权力的调节效应[J].研究与发展管理,27(5):22-33.

方杰,张敏强,邱皓政,2012.中介效应的检验方法和效果量测量:回顾与展望[J].心理发展与教育,28(1):105-111.

高闯,关鑫,2008.社会资本、网络连带与上市公司终极股东控制权——基于社会资本理论的分析框架[J].中国工业经济(9):88-97.

高敬忠,周晓苏,王英允,2011.机构投资者持股对信息披露的治理作用研究——以管理层盈余预告为例[J].南开管理评论,14(5):129-140.

高明华,郭传孜,2019.混合所有制发展、董事会有效性与企业绩效[J].经济与管理研究,40(9):114-134.

郭军,赵息,2015.董事会治理、高管权力与内部控制缺陷[J].软科学,29(4):43-47.

郭檬楠,吴秋生,2018.国家审计全覆盖、国资委职能转变与国有企业资产保值增值[J].审计研究(6):25-32.

郭檬楠,吴秋生,2019.国企审计全覆盖促进了国有资产保值增值吗?——兼论国资委国企监管职能转变的调节效应[J].上海财经大学学报,21(1):51-63.

郝喜玲,涂玉琦,刘依冉,2018.失败情境下创业者韧性对创业学习的影响研究[J].管理学报,15(11):1671-1678,1712.

郝阳,龚六堂,2017.国有、民营混合参股与公司绩效改进[J].经济研究,52(3):122-135.

郝云宏,汪茜,2015.混合所有制企业股权制衡机制研究——基于"鄂武商控制权之争"的案例解析[J].中国工业经济(3):148-160.

何东霞,1998.改革中国有资产的变异分析[J].管理世界(1):209-210,212.

黄国良,刘婷,徐快茹,2013.管理防御视角下CEO背景特征对现金持有量的影响[J].商业研究(12):62-68.

黄可华,2001.实现国有资产对社会资本的最大控制——关于国有资产运营战略的思考[J].财政研究(9):2-10.

黄群慧,余菁,2013.新时期的新思路:国有企业分类改革与治理[J].中国工业经济(11):5-17.

黄速建,2014.中国国有企业混合所有制改革研究[J].经济管理,36(7):1-10.

黄文锋,张建琦,2016.董事会权力等级、战略性资源配置变动与公司绩效[J].中山大学学报(社会科学版),56(4):192-201.

黄新建,刘玉婷,2019.政治关联、特许经营权与经营业绩[J].软科学,33(2):75-80.

简建辉,黄平,2010.股权性质、过度投资与股权集中度:证券市场A股证据[J].改革(11):111-119.

姜付秀,王运通,田园,等,2017.多个大股东与企业融资约束——基于文本分析的经验证据[J].管理世界(12):61-74.

蒋艳辉,冯楚建,2014.MD&A语言特征、管理层预期与未来财务业绩——来自中国创业板上市公司的经验证据[J].中国软科学(11):115-130.

解维敏,2019.混合所有制与国有企业研发投入研究[J].系统工程理论与实践,39(4):1067-1078.

金碚,李钢,2007.中国企业盈利能力与竞争力[J].中国工业经济(11):5-14.

黎文靖,岑永嗣,胡玉明,2014.外部薪酬差距激励了高管吗——基于中国上市公司经理人市场与产权性质的经验研究[J].南开管理评论,17(4):24-35.

李秉祥,曹红,薛思珊,2008.我国上市公司经理管理防御程度的量化研究[J].上海立信会计学院学报(1):76-81.

李秉祥,陈英,李越,2014.管理防御、R&D投入与公司治理机制关系研究[J].科研管理,35(7):99-106.

李秉祥,郝艳,2009.基于管理防御的企业投资短视行为的实验研究[J].预测,28(6):7-12.

李秉祥,刘淑欣,陈英,2018.经理管理防御对金融资产分类会计政策选择的影响研究——基于两权分离度的调节作用[J].经济与管理评论,34(1):82-95.

李秉祥,乔建民,牛晓琴,等,2019.管理防御视角下经理人长短期投资项目选择的博弈分析[J].管理评论,31(1):197-205.

李秉祥,薛思珊,2008.基于经理人管理防御的企业投资短视行为分析[J].系统工程理论与实践(11):55-61.

李秉祥,姚冰湜,李越,2013.中国上市公司经理管理防御指数的设计及应用研究[J].西安理工大学学报,29(2):238-245.

李秉祥,张明,武晓春,2007.经理管理防御对现金股利支付影响的实证研究[J].中南财经政法大学学报(6):134-140,144.

李汉军,刘小元,2015.国有控股上市企业股权多元化与公司绩效:2007—2012年的一个检验[J].中央财经大学学报(7):56-63.

李建标,王高阳,李帅琦,等,2016.混合所有制改革中国有和非国有资本的行为博弈——实验室实验的证据[J].中国工业经济(6):109-126.

李明敏,李秉祥,惠祥,2019.混合所有制企业资源异质股东共生关系形成机理——以中国联通混改方案为例[J].经济学家(6):70-79.

李明敏,李秉祥,惠祥,2020.异质股东控制权配置对企业混改绩效的影响——基于股东资源与治理结构双视角[J].预测,39(1):26-34.

李世辉,雷新途,2008.两类代理成本、债务治理及其可观测绩效的研究——来自我国中小上市公司的经验证据[J].会计研究(5):30-37.

李寿喜,2007.产权、代理成本和代理效率[J].经济研究(1):102-113.

李维安,刘振杰,顾亮,2014a.董事会异质性、断裂带与跨国并购[J].管理科学,27(4):1-11.

李维安,刘振杰,顾亮,等,2014b.基于风险视角的董事会相对权力与产品市场竞争力关系研究[J].管理学报,11(11):1622-1630.

李维安,孙文,2007.董事会治理对公司绩效累积效应的实证研究——基于中国上市公司的数据[J].中国工业经济(12):77-84.

李文贵,余明桂,钟慧洁,2017.央企董事会试点、国有上市公司代理成本与企业绩效[J].管理世界(8):123-135,153.

李向荣,2018.混合所有制企业国有股比例、制衡股东特征与公司绩效[J].经济问题(10):101-104.

李小平,2005.EVA:国有资产保值增值的新概念[J].经济学家(1):68-73.

李小青,2012.董事会认知异质性对企业价值影响研究——基于创新战略中介作用的视角[J].经济与管理研究(8):14-22.

李永兵,袁博,骆品亮,2015.混合所有制、业务创新与绩效表现——基于我国上市银行的实证研究[J].上海经济研究(10):55-63.

李长娥,谢永珍,2017.董事会权力层级、创新战略与民营企业成长[J].外国经济与管理,39(12):70-83.

梁上坤,2018.机构投资者持股会影响公司费用粘性吗？[J].管理世界,34(12):133-148.

廖红伟,徐杰,2019.政府干预与国有企业高管薪酬激励有效性:制度背景与传导机制[J].理论学刊(4):76-87.

林明,戚海峰,鞠芳辉,2018.国企高管团队任务断裂带、混合股权结构与创新绩效[J].科研管理,39(8):26-33.

刘柏,郭书妍,2017.董事会人力资本及其异质性与公司绩效[J].管理科学,30(3):23-34.

刘诚达,2019.混合所有制企业大股东构成与企业绩效——基于企业规模门槛效应的实证检验[J].现代财经(天津财经大学学报),39(6):15-26.

刘放,2015.基于宏观经济波动的混合所有制企业投资效率研究[D].武汉:武汉大学.

刘汉民,齐宇,解晓晴,2018.股权和控制权配置:从对等到非对等的逻辑——基于央属混合所有制上市公司的实证研究[J].经济研究,53(5):175-189.

刘瑞明,石磊,2010.国有企业的双重效率损失与经济增长[J].经济研究,45(1):127-137.

刘新民,于文成,王垒,2017a.不同股权类型制衡度对国有企业双重任务的影响分析[J].系统工程,35(10):59-69.

刘新民,于文成,王垒,2017b.国企高管团队职能背景对双重任务的偏好分析——股权混合度的调节作用[J].统计与信息论坛,32(5):102-109.

刘新民,于文成,王垒,2018.国企董事社会网络水平对双重任务的影响分析:股权混合度的调节效应[J].现代财经(天津财经大学学报),38(7):72-87.

刘友金,袁祖凤,周静,等,2012.共生理论视角下产业集群式转移演进过程机理研究[J].中国软科学(8):119-129.

刘运国,郑巧,蔡贵龙,2016.非国有股东提高了国有企业的内部控制质量吗?——来自国有上市公司的经验证据[J].会计研究(11):61-68,96.

卢建词,姜广省,2018.混合所有制与国有企业现金股利分配[J].经济管理,40(2):5-20.

逯东,黄丹,杨丹,2019.国有企业非实际控制人的董事会权力与并购效率[J].管理世界,35(6):119-141.

罗福凯,庞廷云,王京,2019.混合所有制改革影响企业研发投资吗?——基于我国A股上市企业的经验证据[J].研究与发展管理,31(2):56-66.

吕长江,王力斌,2004.上市公司董事会设置与公司业绩的实证研究——以东北地区为例[J].财经问题研究(10):65-73.

马连福,王丽丽,张琦,2015.混合所有制的优序选择:市场的逻辑[J].中国工业经济(7):5-20.

马影,王满,马勇,等,2019.监督还是合谋:多个大股东与公司内部控制质量[J].财经理论与实践,40(2):83-90.

莫龙炯,景维民,2018.转型时期混合所有制的经济增长效应[J].经济学动态(11):46-58.

牛芳,王文寅,张克勇,2014.我国A股上市公司投资价值分析——以林业类上市公司为例[J].经济问题(6):98-100.

祁怀锦,刘艳霞,王文涛,2018.国有企业混合所有制改革效应评估及其实现路径[J].改革(9):66-80.

綦好东,郭骏超,朱炜,2017.国有企业混合所有制改革:动力、阻力与实现路径[J].管理世界(10):8-19.

钱红光,刘岩,2019.混合所有制、股权结构对公司绩效的影响[J].统计与决策(23):185-188.

曲亮,谢在阳,郝云宏,等,2016.国有企业董事会权力配置模式研究——基于二元权力耦合演进的视角[J].中国工业经济(8):127-144.

权小锋,吴世农,文芳,2010.管理层权力、私有收益与薪酬操纵[J].经济研究,45(11):73-87.

桑凌,李飞,2019.混合所有制改革能提升企业的市场绩效吗?——以云南白药集团股份有限公司为例[J].财经问题研究(9):111-119.

邵传林,2011.国有企业性质的比较制度分析[J].经济学动态(9):37-43.

邵毅平,王引晟,2015.董事会资本与企业绩效的实证研究——基于R&D投资的中介效应视角[J].财经论丛(6):66-74.

沈红波,张金清,张广婷,2019.国有企业混合所有制改革中的控制权安排——基于云南白药混改的案例研究[J].管理世界,35(10):206-217.

石予友,2010.混合所有制企业公司治理——利益冲突视角的研究[M].北京:经济管理出版社:37-40.

孙光国,刘爽,赵健宇,2015.大股东控制、机构投资者持股与盈余管理[J].南开管理评论,18(5):75-84.

孙光国,孙瑞琦,2016.董事—经理兼任影响企业投资效率了吗?[J].财经问题研究(7):39-46.

孙姝,钱鹏岁,姜薇,2019.非国有股东对国有企业非效率投资的影响研究——基于国有上市企业的经验数据[J].华东经济管理,33(11):134-141.

谭洪涛,袁晓星,杨小娟,2016.股权激励促进了企业创新吗?——来自中国上市公司的经验证据[J].研究与发展管理,28(2):1-11.

唐松莲,林圣越,高亮亮,2015.机构投资者持股情景、自由现金与投资效率[J].管理评论,27(1):24-35.

田昆儒,蒋勇,2015.国有股权比例优化区间研究——基于面板门限回归模型[J].当代财经(6):107-117.

涂国前,刘峰,2010.制衡股东性质与制衡效果——来自中国民营化上市公司的经验证据[J].管理世界(11):132-142,188.

汪丽,茅宁,潘小燕,等,2006.董事会职能、决策质量和决策承诺在中国情境下的实证研究[J].管理世界(7):108-114.

汪茜,郝云宏,叶燕华,2017.多个大股东结构下第二大股东的制衡动因分析[J].经济与管理研究,38(4):115-123.

王碧珺,谭语嫣,余淼杰,等,2015.融资约束是否抑制了中国民营企业对外直接投资[J].世界经济,38(12):54-78.

王斌,宋春霞,2015.创业企业资源禀赋、资源需求与产业投资者引入——基于创业板上市公司的经验证据[J].会计研究(12):59-66,97.

王斌,宋春霞,孟慧祥,2015.大股东非执行董事与董事会治理效率——基于国有上市公司的经验证据[J].北京工商大学学报(社会科学版),30(1):38-48.

王福胜,程富,2014.管理防御视角下的CFO背景特征与会计政策选择——来自资产减值计提的经验证据[J].会计研究(12):32-38,95.

王京,罗福凯,2017.混合所有制、决策权配置与企业技术创新[J].研究与发展管理,29(2):29-38.

王珏,祝继高,2015.基金参与公司治理:行为逻辑与路径选择——基于上海家化和格力电器的案例研究[J].中国工业经济(5):135-147.

王生年,尤明渊,2015.管理层薪酬激励能提高信息披露质量吗?[J].审计与经济研究,30(4):22-29.

王欣,韩宝山,2018.混合所有制企业股权结构治理效应分析[J].经济体制改革(6):125-131.

王新红,李婷婷,张行,2018.股权混合度、高管团队特征与公司绩效——基于全效应调节模型的实证研究[J].商业研究(7):71-79.

王业雯,陈林,2017.混合所有制改革是否促进企业创新?[J].经济与管理研究,38(11):112-121.

王益民,梁萌,2012.政治关联、治理机制对战略双元的影响——基于中国上市公司数据的实证研究[J].中国管理科学,20(S1):468-474.

王勇,刘志远,郑海东,2013.政府干预与地方国有企业市场竞争力——基于现金持有竞争效应视角[J].经济与管理研究(8):28-38.

魏明海,蔡贵龙,程敏英,2016.企业股权特征的综合分析框架——基于中国企业的现象与理论[J].会计研究(5):26-33,95.

魏明海,蔡贵龙,柳建华,2017.中国国有上市公司分类治理研究[J].中山大学学报(社会科学版),57(4):175-192.

魏明海,黄琼宇,程敏英,2013.家族企业关联大股东的治理角色——基于关联交易的视角[J].管理世界(3):133-147,171,188.

魏志华,曾爱民,李博,2014.金融生态环境与企业融资约束——基于中国上市公司的实证研究[J].会计研究(5):73-80,95.

温素彬,周鎏鎏,2017.企业碳信息披露对财务绩效的影响机理——媒体治理的"倒U型"调节作用[J].管理评论,29(11):183-195.

温忠麟,叶宝娟,2014.中介效应分析:方法和模型发展[J].心理科学进展,22(5):731-745.

温忠麟,张雷,侯杰泰,等,2004.中介效应检验程序及其应用[J].心理学报(5):614-620.

吴建祥,李秉祥,2014.经理管理防御对企业资本投向影响的实证研究[J].统计与信息论坛,29(11):65-71.

吴建祥,李秉祥,2019.企业控制权配置特征对经理管理防御的影响——基于实际控制人视角[J].商业研究(7):112-126.

吴秋生,独正元,2019.混合所有制改革程度、政府隐性担保与国企过度负债[J].经济管理,41(8):162-177.

吴秋生,郭檬楠,2018.国家审计"监"与"督"对国有企业资产保值增值的影响[J].财经理论与实践,39(5):95-101.

吴万宗,宗大伟,2016.何种混合所有制结构效率更高——中国工业企业数据的实证检验与分析[J].现代财经(天津财经大学学报),36(3):15-25,35.

吴延兵,2012.国有企业双重效率损失研究[J].经济研究,47(3):15-27.

夏楸,温素彬,郑建明,2014.多元资本共生视角下企业社会责任与财务绩效研究[J].科学决策(10):1-17.

晓甘,2014.国民共进:宋志平谈混合所有制[M].北京:企业管理出版社:27-32.

肖振红,谭玫瑰,邢泽宇,2019.会计稳健性对企业研发投资的影响研究[J].科学学研究,37(7):1258-1267.

谢海洋,曹少鹏,秦颖超,2018.股权制衡、非国有股东委派董事与公司绩效[J].财经理论与实践,39(3):76-82.

辛清泉,谭伟强,2009.市场化改革、企业业绩与国有企业经理薪酬[J].经济研究,44(11):68-81.

徐细雄,2012.利益侵占、风险补偿与控制权私利:实验的证据[J].经济管理,34(6):36-44.

许水平,尹继东,2014.中介效应检验方法比较[J].科技管理研究,34(18):203-205,212.

严若森,姜潇,2019.关于制度环境、政治关联、融资约束与企业研发投入的多重关系模型与实证研究[J].管理学报,16(1):72-84.

严若森,钱晶晶,2016.董事会资本、CEO股权激励与企业 R&D 投入——基于中国 A 股高科技电子行业上市公司的经验证据[J].经济管理,38(7):60-70.

杨海燕,韦德洪,孙健,2012.机构投资者持股能提高上市公司会计信息质量吗?——兼论不同类型机构投资者的差异[J].会计研究(9):16-23,96.

杨青,王亚男,唐跃军,2018."限薪令"的政策效果:基于竞争与垄断性央企市场反应的评估[J].金融研究(1):156-173.

杨松令,董香兰,刘亭立,2016.股东生态论——基于生态学理论的股东关系分析[J].经济与管理研究(1):106-111.

杨松令,刘亭立,2009.基于共生理论的上市公司股东行为研究——一个研究框架及设想[J].会计研究(1):81-87,97.

杨玉凤,王火欣,曹琼,2010.内部控制信息披露质量与代理成本相关性研究——基于沪市2007 年上市公司的经验数据[J].审计研究(1):82-88,46.

杨志强,李增泉,2018.混合所有制、环境不确定性与投资效率——基于产权专业化视角[J].上海财经大学学报,20(2):4-24.

杨志强,石水平,石本仁,等,2016.混合所有制、股权激励与融资决策中的防御行为——基于动态权衡理论的证据[J].财经研究,42(8):108-120.

叶蓓,2017.董事会异质性、多元化战略与企业价值[J].华东经济管理,31(3):146-153.

叶松勤,凌方,廖飞梅,2018.管理防御、晋升激励与企业现金持有价值[J].财经论丛(11):74-84.

叶松勤,徐经长,2013.管理防御与公司现金持有价值[J].山西财经大学学报,35(1):61-72.

殷军,皮建才,杨德才,2016.国有企业混合所有制的内在机制和最优比例研究[J].南开经济研究(1):18-32.

殷裕品,2017.股权结构对过度投资行为的治理效应——基于混合所有制企业异质股权制衡的理论与经验证据[J].中国流通经济,31(6):113-122.

于斌斌,胡汉辉,2014.产业集群与城市化共生演化的机制与路径——基于制造业与服务业互动关系的视角[J].科学学与科学技术管理,35(3):58-68.

余汉,杨中仑,宋增基,2017.国有股权、政治关联与公司绩效——基于中国民营控股上市公司的实证研究[J].管理评论,29(4):196-212.

喻坤,李治国,张晓蓉,等,2014.企业投资效率之谜:融资约束假说与货币政策冲击[J].经济研究,49(5):106-120.

袁春生,杨淑娥,2006.经理管理防御与企业非效率投资[J].经济问题(6):40-42.

袁纯清,1998a.共生理论及其对小型经济的应用研究(上)[J].改革(2):100-104.

袁纯清,1998b.共生理论——兼论小型经济[M].北京:经济科学出版社.

袁奋强,张忠寿,杨七中,2018.股权结构、投资机会与企业现金持有水平选择——基于融资约束路径的分析[J].中央财经大学学报(4):63-77.

袁建国,后青松,程晨,2015.企业政治资源的诅咒效应——基于政治关联与企业技术创新的考察[J].管理世界(1):139-155.

张涤新,李忠海,2017.机构投资者对其持股公司绩效的影响研究——基于机构投资者自我保护的视角[J].管理科学学报,20(5):82-101.

张海龙,李秉祥,2010a.经理管理防御对企业过度投资行为影响的实证研究——来自我国制造业上市公司的经验证据[J].管理评论,22(7):82-89.

张海龙,李秉祥,2010b.经理管理防御假设下的企业融资决策研究[J].科技管理研究,30(23):229-231.

张辉,黄昊,闫强明,2016.混合所有制改革、政策性负担与国有企业绩效——基于1999—2007年工业企业数据库的实证研究[J].经济学家(9):32-41.

张家林,2001.个人利益机制的引入和完善:提高国有资产运营效率的制度基础[J].上海经济研究(2):44-48.

张军辉,2004.改革国资管理机制提高资产运营效率——上海上市公司发展中的问题和对策[J].华东经济管理(2):81-84.

张铭慎,曾铮,2018.股权混合如何提高企业技术效率——基于竞争性行业上市企业的经验研究[J].宏观经济研究(3):135-147.

张任之,2019.非国有股东治理能够抑制国有企业高管腐败吗?[J].经济与管理研究,40(8):129-144.

张蕊,蒋煦涵,2018.混合所有制改革、国有股最优比例与工业增加值[J].当代财经(2):115-123.

张双鹏,周建,周飞谷,2019.混合所有制改革对企业战略变革的影响研究——基于结构性权力的视角[J].管理评论,31(1):183-196.

张涛,徐婷,邵群,2017.混合所有制改革、国有资本与治理效率——基于我国工业企业数据的经验研究[J].宏观经济研究(10):113-126.

张维今,李凯,王淑梅,2018.CEO权力的调节作用下董事会资本对公司创新的内在机制影响研究[J].管理评论,30(4):70-82.

张维迎,1996.所有制、治理结构及委托——代理关系——兼评崔之元和周其仁的一些观点[J].经济研究(9):3-15,53.

张祥建,徐晋,徐龙炳,2015.高管精英治理模式能够提升企业绩效吗?——基于社会连带关系调节效应的研究[J].经济研究,50(3):100-114.

张耀伟,陈世山,李维安,2015.董事会非正式层级的绩效效应及其影响机制研究[J].管理科学,28(1):1-17.

赵昌文,唐英凯,周静,等,2008.家族企业独立董事与企业价值——对中国上市公司独立董事制度合理性的检验[J].管理世界(8):119-126,167.

赵西亮,吴栋,2005.阿洪和蒂罗尔控制权模型评介[J].经济学动态(3):88-92.

郑国坚,林东杰,张飞达,2013.大股东财务困境、掏空与公司治理的有效性——来自大股东财务数据的证据[J].管理世界(5):157-168.

郑山水,2016.新创企业的政治资源诅咒效应——基于政府关系网络与创业绩效的分析[J].科技管理研究,36(15):180-185.

郑志刚,胡晓霁,黄继承,2019.超额委派董事、大股东机会主义与董事投票行为[J].中国工业经济(10):155-174.

郑志刚,2018."超额委派董事"是与非[J].董事会(Z1):88-89.

中国社会科学院工业经济研究所课题组,黄群慧,黄速建,2014.论新时期全面深化国有经济改革重大任务[J].中国工业经济(9):5-24.

周杰,薛鸿博,2013.董事会权力配置、企业战略转型与模式偏好——政治行为还是合作行为[J].山西财经大学学报,35(2):95-106.

周雷,2018-11-15.更大力度更深层次推进国企混改[N].经济日报(006).

朱红军,何贤杰,陈信元,2006.金融发展、预算软约束与企业投资[J].会计研究(10):64-71,96.

朱磊,陈曦,王春燕,2019.国有企业混合所有制改革对企业创新的影响[J].经济管理(11):72-91.

祝继高,齐肖,汤谷良,2015.产权性质、政府干预与企业财务困境应对——基于中国远洋、尚德电力和李宁公司的多案例研究[J].会计研究(5):28-34,94.

祝继高,叶康涛,陆正飞,2015. 谁是更积极的监督者:非控股股东董事还是独立董事?[J]. 经济研究,50(9):170-184.

邹毅,2016. 主要物价指数与宏观经济关系分析[D]. 杭州:浙江工商大学.

(二)外文文献

AGHION P, BOLTON P, 1992. An incomplete contracts approach to financial contracting[J]. The Review of Economic Studies, 59(3):473.

AGHION P, TIROLE J, 1997. Formal and real authority in organizations[J]. Journal of Political Economy, 105(1):1-29.

AGRAWAL A, KNOEBER C R, 1996. Firm performance and mechanisms to control agency problems between managers and shareholders[J]. Journal of Financial & Quantitative Analysis, 31(3):377-397.

ALIPOUR M, 2013. Has privatization of state-owned enterprises in Iran led to improved performance?[J]. International Journal of Commerce and Management, 23(4):281-305.

ANG J S, COLE R A, LIN J W, 2000. Agency costs and ownership structure[J]. The Journal of Finance, 55(1):81-106.

BARNHART S W, ROSENSTEIN S, 1998. Board composition, managerial ownership, and firm performance: An empirical analysis[J]. Financial Review, 33(4):1-16.

BARON R M, KENNY D A, 1986. The moderator-mediator variable distinction in social psychological research: Conceptual, strategic, and statistical considerations[J]. Journal of Personality and Social Psychology, 51(6):1173-1182.

BARROSO CASADO RAúL, BURKERT M, DáVILA ANTONIO, et al., 2016. Shareholder protection: The role of multiple large shareholders[J]. Corporate Governance: An International Review, 24(2):105-129.

BAYSINGER B D, BUTLER H N, 1985. Corporate governance and the board of directors: Performance effects of changes in board composition[J]. Journal of Law Economics and Organization, 1(1):101-124.

BERLE A, MEANS G, 1932. The modern corporation and private property[M]. New York: Macmillan.

BOURGUIGNON F, SEPULVEDA C, 2016. Privatization in development: Some lessons from experience[J]. Social Science Electronic Publishing, 74(5):880-891.

BRICKLEY J A, COLES J L, TERRY R L, 1994. Outside directors and the adoption of posion pills[J]. Journal of Financial Economics, 35:371-390.

CAI X, YANG F, YAN X, et al., 2015. Influence of bone marrow-derived mesenchymal stem cells pre-implantation differentiation approach on periodontal regeneration in vivo[J]. Journal of Clinical Periodontology, 42(4):380-389.

CLEMENT K, HAESEN E, DRIESEN, J, 2010. The impact of charging plug-in hybrid electric vehicles on a residential distribution grid[J]. IEEE Transactions on Power Systems, 25(1): 371-380.

DALZIEL T, GENTRY R J, BOWERMAN M, 2011. An integrated agency-resource dependence view of the influence of directors "human and relational capital on firms" R&D spending[J]. Journal of Management Studies, 48(6):1217-1242.

DONOHER W J, 2009. Firm founders, boards, and misleading disclosures: An examination of relative power and control[J]. Journal of Managerial Issues, 21(3):309-326.

DU J, LI X, 2016. Selection, staging and sequencing in the recent Chinese privatization[J]. Social Science Electronic Publishing, 58(5):270-274.

EISENBERG T, SUNDGREN S, WELLS M T, 1998. Larger board size and decreasing firm value in small firms[J]. Journal of Financial Economics, 48(1):35-54.

EMERSON R M, 1962. Power-dependence relations[J]. American Sociological Review, 27(1):31-41.

FAMA E F, JENSEN M C, 1983. Agency problems and residual claims[J]. Journal of Law and Economics, 26(2):327-349.

FARINHA J, 2003. Dividend policy, corporate governance and the managerial entrenchment hypothesis: An empirical analysis [J]. Journal of Business Finance & Accounting, 30(9-10): 1173-1209.

FINKELSTEIN S, 1992. Power in top management teams: Dimensions, measurement, and validation[J]. The Academy of Management Journal, 35(3):505-538.

GAKHAR D V, PHUKON A, 2018. From welfare to wealth creation: A review of the literature on privatization of state-owned enterprises[J]. International Journal of Public Sector Management, 31(1):265-286.

GILSON S C, 1989. Management turnover and financial distress[J]. Journal of Financial Economics, 25,241-262.

HART O, 2001. Financial contracting[J]. Journal of Economic Literature, 39(4):1079-1100.

HAYES A F, 2013. Introduction to mediation, moderation, and conditional process analysis[J]. Journal of Educational Measurement, 51(3):335-337.

HILLMAN A J, DALZIEL T, 2003. Boards of directors and firm performance: Integrating agency and resource dependence perspectives[J]. Academy of Management Review, 28(3):383-396.

HUSE M, HOSKISSON R, ZATTONI A, et al., 2011. New perspectives on board research: Changing the research agenda[J]. Journal of Management & Governance, 15(1):5-28.

ISAGAWA N, 2002. Callable convertible debt under managerial entrenchment[J]. Journal of Corporate Finance, 8(3):255-270.

JENSEN M C, 2010. The modern industrial revolution, exit, and the failure of internal control systems[J]. Journal of Applied Corporate Finance, 22(1):43-58.

JOHNSON S G, SCHNATTERLY K, HILL A D, 2013. Board composition beyond independence: Social capital, human capital, and demographics[J]. Journal of Management, 39(1):232-262.

JONG A D, VELD C H, 1998. An empirical analysis of incremental capital structure decisions under managerial entrenchment[J]. Journal of Banking & Finance, 25(10):1857-1895.

JUDD C M, KENNY D A, 1981. Process analysis: Estimating mediation in treatment evaluations[J]. Evaluation Review, 5(5):602-619.

KIKERI S, NELLIS J, 2016. Privatization in competitive sectors: The record to date[J]. Social Science Electronic Publishing, 6(6):247-262.

KIM K, MAULDIN E, PATRO S, 2014. Outside directors and board advising and monitoring performance[J]. Journal of Accounting and Economics, 57(2-3):110-131.

MARCELIN I, MATHUR I, 2015. Privatization, financial development, property rights and growth[J]. Journal of Banking & Finance, 50(C):528-546.

MAURY B, PAJUSTE A, 2005. Multiple large shareholders and firm value[J]. Journal of Banking & Finance, 29(7):1813-1834.

MCCONNELL J J, SERVAES H, 1990. Additional evidence on equity ownership and corporate value[J]. Journal of Financial Economics, 27(2):595-612.

MICHAL M, 2011. The privatization process in East – Central Europe [M]. New York: Springer US.

MILLER T, MARÍA D C T, 2009. Demographic diversity in the boardroom: Mediators of the board diversity-firm performance relationship[J]. Journal of Management Studies, 46(5):755-786.

MORCK R, SHLEIFER A, VISHNY R W, 1988. Management ownership and market valuation: An empirical analysis[J]. Journal of Financial Economics, 20(88):293-315.

NAGARAJAN R, EASTON R, ESCHBACH R, 1995. Using adaptive quantization in cell-oriented holograms[J]. Optics Communications, 114(5-6):370-374.

OMRAN M, 2004. Performance consequences of privatizing Egyptian state-owned enterprises: The effect of post-privatization ownership structure on firm performance[J]. Social Science Electronic Publishing, 8(1/2):73-114.

OTCHERE I, ZHANG Z, 2010. Privatization, efficiency and intra-industry effects: Analysis of China's privatization[J]. International Review of Finance, 2(1&2):49-70.

PETTIGREW A M, 2007. On studying managerial elites[J]. Strategic Management Journal, 13(S2):163-182.

PFEFFER J, SALANCIK G R, 1978. The external control of organizations: A resource dependence perspective[J]. Harper & Row, 23(2):23-133.

PHAM C D, CARLIN T M, 2008. Financial performance of privatized state-owned enterprises (SOEs) in Vietnam[J]. Social Science Electronic Publishing, 7(3):105-125.

RAJAN R G, WULF J, 2006. Are perks purely managerial excess? [J]. Journal of financial Economics, 79(1):1-33.

RAJAN R G, ZINGALES L, 1998. Power in a theory of the firm[J]. Quarterly Journal of Economics, 113(2):387-432.

RAMAMONJIARIVELO Z, WEECH-MALDONADO R, HEARLD L, et al., 2015. Public hospitals in financial distress: Is privatization a strategic choice? [J]. Health Care Management Review, 40(4):337-347.

RHOADES D L, RECHNER P L, SUNDARAMURTHY C, 2000. Board composition and financial performance: A meta-analysis of the influence of outside directors[J]. Journal of Managerial Issues, 12(1):76-91.

SHUM P, 2010. A resource-based view on entrepreneurship and innovation[J]. International Journal of Entrepreneurship & Innovation Management, 11(3): 264-281.

SOBEL M E, 1982. Asymptotic confidence intervals for indirect effects in structural equation models[J]. Sociological Methodology, 13(13):290-312.

TIROLE J, 2001. Corporate governance[J]. Econometrica, 69(1):1-35.

TODO Y, INUI T, YUAN Y, 2014. Effects of privatization on exporting decisions: Firm-level evidence from Chinese state-owned enterprises[J]. Comparative Economic Studies, 56(4):1-20.

WERNERFELT B, 1984. A resource-based view of the firm[J]. Strategic Management Journal, 5(2):171-180.

YERMACK D, 2006. Flights of fancy: Corporate jets, CEO perquisites, and inferior shareholder returns[J]. Journal of Financial Economics, 80(1):211-242.

ZWIEBEL J, 1996. Dynamic capital structure under managerial entrenchment[J]. American Economic Review, 86(5):1197-1215.

后　记

2023年伊始，《非国有股东的董事会权力对混改国企资产保值增值的作用机理》终于即将出版。这本专著凝聚了笔者多年来的心血和期望，更凝聚着许多人的关怀与祝福，希望它的出版能作为笔者最诚挚的新年礼物带给广大读者朋友。

本书在教育部人文社会科学研究青年基金项目"混改国企非国有股东董事会权力超额配置的微观机制及经济后果研究"（项目编号：22YJC630059）的支持下，探讨了非国有股东的董事会权力对混改国企资产保值增值的影响作用，明晰了非国有股东的董事会权力发挥治理效应的内在机理，以期为混改国企通过为非国有股东配置董事会权力进而促进资产保值增值提供理论借鉴。

感谢同行专家与研究团队在本书创作过程中给予的指导与帮助。感谢我的爱人周动先生在本书创作期间的支持与陪伴：你是我坚强的后盾。本书引用了国内外许多学者的研究成果，在此表示衷心的感谢。最后，向阅读本书的读者表示诚挚的欢迎，希望本书能够抛砖引玉，启发形成更多的创新成果。

2023年1月于英国兰卡斯特大学